Diana Stevens
Erwachsenenspiele

Diana Stevens

Erwachsenenspiele

Band I

Das Martyrium

BoD
Books on Demand GmbH
Norderstedt

Impressum

Alle Rechte vorbehalten. Kein Teil des Werkes darf in irgendeiner Form (Fotografie, Mikrofilm oder ein anderes Verfahren) ohne schriftliche Genehmigung des Rechteinhabers reproduziert oder unter Verwendung elektronischer Systeme verarbeitet, vervielfältigt oder verbreitet werden. Dies gilt auch für Film, Rundfunk, Fernsehen sowie der Übersetzung.

Rechteinhaber: Diana Stevens
Umschlaggestaltung und Motiv: Diana Stevens

Herstellung: Reinhard Röse
Lektorat: Klaus-Dietrich Petersen

Copyright © 2016

Herstellung und Verlag: BoD - Books on Demand, Norderstedt

ISBN: 978-3-7412-7485-5

Bibliografische Information der Deutschen Nationalbibliothek:
Die Deutsche Nationalbibliothek verzeichnet diese Publikation
in der Deutschen Nationalbibliografie; detaillierte bibliografische Daten sind
im Internet über http://dnb.d-nb.de abrufbar.

Inhaltsverzeichnis

Zum Inhalt dieses Buches … 7

Kapitel I Der Koffer … 9
Vertrauen für inneren Frieden

Kapitel II Das rote Kleid … 28
Menschen tun oft Dinge, die sie
selbst nicht verstehen

Kapitel III Der Professor … 40
Gesuchte Hilfe ist oft verstandene Hilfe

Kapitel IV Der falsche Freund … 56
Nur ein Freund sieht dir in die Augen

Kapitel V Tante Ida … 68
Auch wenn du es denkst, du bist
nicht allein…

Kapitel VI Mein Glaube … 77
Glaube an dich, und dir wird geholfen

Kapitel VII Das Kinderheim … 82
Oftmals die letzte Rettung für Körper und Seele

Kapitel	VIII	Wieder zu Hause Fremd in der eigenen Familie	... 91
Kapitel	IX	Mein Lehrer Die Flucht in das Wissen	... 100
Kapitel	X	Mein Freund Onkel Willi Ich reiche dir meine Hand	... 106
Kapitel	XI	Mein Vater Unverständnis kennt keine Gnade	... 110
Kapitel	XII	Lisa, meine erste Liebe Eine immer wiederkehrende Sehnsucht	... 125
Kapitel	XIII	Die Prüfung Die Fahrkarte in ein neues Leben	... 129

Erscheinungsdaten der nachfolgenden Bände ... 143
mit entsprechenden Inhaltsangaben

Zum Inhalt dieses Buches

Oft sind es Kindheitserlebnisse, die uns irgendwann im Leben einholen.
Diese Erlebnisse sind es, die oftmals das gesamte Leben des Betroffenen auf den Kopf stellen. Das Geschlecht spielt meist eine nebensächliche Rolle. Es gerät komplett aus den Fugen, und das bisher geführte Leben scheint immer weiter in die Ferne zu rücken. Man hat das Gefühl, vor einem riesengroßen Problem zu stehen, wie soll man damit umgehen, war das geführte Leben eine Lüge oder ist alles nur ein schlechter Traum?
Doch sehr schnell bemerkt man, dass es weder ein Traum noch eine Einbildung ist, denn man zweifelt an sich selbst, an seinem Verstand und doch ist es wahre Realität.
Es beginnt erst ein Chaos, nach einiger Zeit hat man es im Griff - weil man ja nicht auffallen möchte. Man behält es zunächst für sich, doch irgendwann wird der Druck auf die Psyche so groß, dass man sich einfach irgend jemandem anvertrauen muss, nur wem?
In diesem Fall war es ein exzellenter Psychologe, ein Professor der Universität Regensburg, den ich zufällig auf einer Vernissage Wochen zuvor kennen gelernt hatte.
Die Suche nach meiner wahren Identität in der Hoffnung auf ein glücklicheres Leben begann.

Diana Stevens

Kapitel I

Der Koffer

Vertrauen für inneren Frieden

Nicht immer laufen die Dinge so, wie man sich es wünscht, und bei mir war der sogenannte Normalzustand bereits schon lange in Vergessenheit geraten.
Während ich nachdenklich aus dem Fenster des Zuges sehe, der in Richtung Süden fährt, denke ich über die letzten Monate und Jahre meiner Krankheit nach. Wie oft war ich kurz vor der Verzweiflung, denn viele Dinge liefen nicht mehr so, wie sie eigentlich normalerweise laufen sollten. Aber was ist in dieser Zeit schon? Auf jeden Fall war es besser für mich, dass ich an einer sogenannten Reha-Maßnahme teilnehmen sollte. Es war mir schwer gefallen, mein vertrautes Zuhause für ein paar Wochen zu verlassen, und plötzlich innerhalb von zehn Tagen mein Heim mit dem Reha-Platz einzutauschen. Na ja dachte ich grübelnd so vor mich hin, fünf Wochen sind schnell vorbei, aber es sollte ganz anders kommen!
Ein altes Bauernhaus, manche würden sagen Bauernkate in Nordfriesland nahe der dänischen Grenze hatte es mir angetan, ich bewohnte es ganz allein. Etwas abseits des Dorfes gelegen, ganz allein und ruhig, ohne Trubel und fern von Großstädten, hier konnte man mit Freude alt werden. Und allein deshalb habe ich mir dieses Haus auch gekauft, vor allem ist es mein erstes richtiges zu Hause. Ihr wisst, was ich meine, man sieht etwas, und sagt zu sich selbst - das ist es - ! Auch wenn es etwas abseits lag, so war es doch einfach, nächst gelegene Städte mit der Bahn zum Großeinkauf zu erreichen.
Wie jedes Mal, wenn ich bereits unterwegs war, stellte ich mir die Frage, alles abgeschlossen und ausgemacht, in Gedanken ging ich dann meistens noch einmal alles durch, und beruhigte mich dann selbst, ja, alles ist ok, du hast an alles gedacht, bleibe ruhig!

Ich liebe das flache Land die Weite und die saftig grünen Wiesen und nicht zu vergessen den trockenen norddeutschen Humor. Ich war an der Nordseeküste groß geworden, ich kenne also das raue Klima hier. Die schier nicht enden wollenden Wintermonate, mit ihren Orkanen und Schneeverwehungen, das war nichts für zarte Menschen. In diesen Monaten kam man aus den Gummistiefeln nicht raus. Das nasskalte Wetter zerrte an der körperlichen Substanz, besonders wenn der erbarmungslose Ostwind über Wochen die Oberhand hatte und alles gefror.
Nun aber saß ich im Zug und brauchte für ein paar Wochen nicht daran zu denken.

Mein mitgebrachter Kaffee ging auch zur Neige, und während ich meine leere Tasse wieder verstaute, kam die nächste Frage auf! „Frl. Schmidt" und „Sir Henry" größenmäßig überragten sie mich bereits, aber benehmen sich wie pubertierende Kinder. Ich werde sie vermissen, aber sie sind ja gut versorgt, das hat man mir versichert!
Frl. Schmidt hat ellenlange Beine, ist schwarz, und hat es faustdick drauf, wenn sie mich mit ihren großen dunklen Augen ansieht, muss ich immer schmunzeln. Sie hört mir genau zu, dass, was sie verstehen will, da verzieht sie keine Miene. Frau eben! Aber wehe, es geht nicht nach ihren Wünschen, dann zickt sie herum, und der arme Sir Henry bekommt alles ab!
Sir Henry hingegen ist eher schüchtern und einer zum Knuddeln, wie halt junge Männer in der Pubertät sind, aber er ist ein ganz lieber Kerl. Er blickt mich immer ganz verliebt an, wenn wir uns dann näher kommen und ich ihn über den Kopf streiche, wird Frl. Schmidt total eifersüchtig, sie drängt sich dann immer zwischen uns. Aber es ist eine tolle Freundschaft zu dritt, ich nenne es immer eine moderne WG, jeder, der mich kennt, weiß, was damit gemeint ist, nein, nicht so wie ihr denkt, es ist kein wildes Durcheinander und so!
Nein, das verhält sich wirklich ganz anders!
„Frl. Schmidt" ist ein Angus Rind besser gesagt eine Kuh, und „Sir Henry" ist ein Jersey Rind, also ein Bulle. Beide habe ich schon von klein an, ich habe sie großgezogen, also noch einmal: es sind beides Rinder! Die beiden passen wie die Faust aufs Auge, oder wie Arsch auf Eimer, wie man so schön zu sagen pflegt.
Wie schon erwähnt, ich selbst lebe seit ein paar Jahren allein, und damit ich mich nicht so einsam fühle, halte ich mir eben Haustiere wie Rinder, Schweine, Schafe, Gänse, Enten, Hühner also alles, was Krach und viel Arbeit macht. Meine stummen Freunde im See, die Fische, hätte ich fast vergessen! Das also ist meine moderne „WG", es macht mir sehr viel Spaß, und nur sehr wenige verstehen es wegen der vielen Arbeit, die mit dem Halten von Tieren verbunden ist.
Alles hat seinen Preis, aber dafür bin ich nicht einsam, und habe eben durch diese Tiere gelernt, es gab nämlich eine Zeit, die ich nicht wieder erleben möchte, aber dazu später.

Diese Bahnstrecke Westerland – Hamburg zieht sich immer so lange hin, ich ärgere mich jedes Mal aufs Neue über diese Zeitverschwendung. Die Bahn

hat für alles unnötige Geld, nur nicht für Deutschlands lukrativste Bahnstrecke auszubauen, da fehlt es anscheinend an entschlussfreudigen Verantwortlichen. Ich kenne fast alle Kliniken in Schleswig-Holstein, aber diese Strecke ist nur peinlich.
Endlich Elmshorn und gleich Hamburg. Auch in Hamburg habe ich für einige Zeit gewohnt. Eine große Stadt mit viel Flair und Internationalität, aber noch mal, hier wohnen, nein danke. Diese Menschenmassen auf Dauer ist nichts für mich, ich weiß, wovon ich rede, denn ich habe in Stadtteilen gewohnt, wenn man Pech hat klaut man einem den Hund von der Leine, ohne dass man etwas davon bemerkt. Diese Brennpunkte kann man nicht beseitigen, man verlagert sie nur immer wieder aufs Neue in ein anderes Stadtviertel.

Der Zug hält glücklicherweise in Hamburg-Hauptbahnhof. Ich steige aus und erlebe Menschenmengen, die für mich ungewohnt sind, ich brauche nur gegenüber in den bereitstehenden Zug Richtung Uelzen einzusteigen. Eine Reisetasche, ein Aktenkoffer, und einen Koffer so schwer wie ein Geldtransporter, ich wunder mich nur, dass es dieser Koffergriff so ohne weiteres mitmacht. Jedes Mal, wenn ich diesen Koffer bewegen muss, denke ich, hast du auch nichts vergessen? Typisch Frau, das Ding von Koffer platzt bald, und ich mache mir Gedanken, ob ich nichts vergessen habe.
Diese Liste, die man mir von der Klinik zusandte, bin ich so oft durchgegangen, eigentlich müsste ich sie auswendig können. Mach dich nicht verrückt, es sind ja nur fünf Wochen, dachte ich so bei mir.
Zumindest habe ich eine Tageszeit gewählt, in der die Züge nicht so überfüllt sind, und ich trotzdem zu der gewünschten Ankunftszeit ankommen werde. Dieser Koffer bringt mich tatsächlich noch einmal um!
Ich dachte so bei mir, ja nicht so viel bewegen, und ich habe ihn deshalb gleich in der Nähe zur Tür stehen lassen, behielt ihn aber doch im Blickfeld.
In diesem Zug, ebenfalls ein Nahverkehrszug, ist es etwas ruhiger, ich sehe wieder aus dem Fenster und lasse Hamburg hinter mir. Ich stelle mir die Frage, ob es nicht doch besser gewesen wäre, den Rollstuhl für längere Wege mit zu nehmen, aber nein, ich wollte es ohne schaffen!
zu Hause brauchte ich den Rollstuhl als Gehhilfe für längere Strecken, mein Gleichgewicht war noch nicht ganz wieder hergestellt. Außerdem konnte ich meine Einkäufe damit bequem nach Hause schaffen, zuvor hatte ich selbst sogar einige Wochen im Rollstuhl verbracht.

Wird schon alles gut gehen, dachte ich so aus dem Fenster schauend, immer positiv denken, und mit einem Lächeln durch den Tag gehen. So komme ich aus meiner Einsamkeit und Wildnis in ein Getümmel von Menschen. Genau das, was ich immer vermeiden wollte, tritt jetzt ein! Lärm, egal welcher Art, tat mir nicht gut, und das jetzt in so einer großen Dosis. Ob mir das wohl gut tut, wir werden sehen!
Der nächste Gedanke. Oh, Gott, und was für Zimmer da wohl sind, Einzel-, Doppel oder Mehrbettzimmer, bloß keine Chaoten, dachte ich mir. Je näher ich dieser Klinik kam, umso nervöser wurde ich. Dann beruhigte ich mich wieder, es sind ja nur fünf Wochen, so dachte ich, aber weshalb ich wohl zu allen gesagt habe, dass ich zwei Monate abwesend bin, hmm im Moment für mich auch unerklärlich, war es etwa eine Vorahnung?
Der nächste Bahnhof war Uelzen, ich bin hier zwar immer nur durchgefahren, aber er ist mir durch sein einmaliges äußeres Erscheinungsbild wohl noch angenehm in Erinnerung. Das sollte sich jedoch jetzt schlagartig ändern, der Bahnsteig war total überfüllt, das Umsteigen eine Katastrophe, jetzt auch noch durch eine Unterführung auf einen anderen Bahnsteig, ein anderes Gleis. Vor dem Fahrstuhl stand eine Riesenschlange, ich bekam Schweißausbrüche, ich hatte ja nicht viel Zeit zum Umsteigen. Also doch die Treppe und dann das schwere Gepäck mir wurde ganz anders, OK ganz ruhig und langsam, nur nicht stürzen. Dann war es das, dann wäre die Reise hier für mich zu Ende gewesen.
Aber man wurde regelrecht voran geschoben, ich hatte Mühe, mich auf die Stufen zu konzentrieren. Unten heil angekommen, dachte ich, was ist das für ein unebener Boden, mit allem, was das Herz begehrt, Dreck und Wasserpfützen, ich hatte Mühe, mich mit dem schweren Gepäck auf den Beinen zu halten. Und diese Menschenmenge, wo wollen die nur alle hin, dachte ich so bei mir. Jetzt holte ich mir auch noch nasse Füße, was für ein Schwachkopf von Architekt hat sich denn diesen Mist ausgedacht, da gehört vor jeden Ein- und Ausgang ein Schild.
Für Leute mit Gleichgewichtsstörungen und Herzschrittmacher droht hier Lebensgefahr!

Eine Frau hätte diesen Bahnhof nicht so gebaut, denn da ruiniert man sich ja die Absätze von teuren Schuhen. Also kann es nur ein Mann gewesen sein, ich hatte mich bisher nicht näher mit dem Bahnhof Uelzen und dessen Erbauer beschäftigt.

So manches Mal dachte ich, der Griff vom Koffer verabschiedet sich jeden Moment, der knackte nämlich ganz schön verdächtig, oder die Rollen brechen raus, was dann? Ich mochte gar nicht daran denken, obwohl das wäre eine noch nie dagewesene Situation, ein absoluter Alptraum! Also würde ich ihn in diesem Falle einfach stehen lassen, diesen Koffer nimmt keiner freiwillig mit. Erstens die Farbe - pink -, dann das enorme Gewicht, jeder würde sich zuerst die Schulter ausrenken, und denken, dass da bestimmt eine Leiche drin ist. Ich lächelte in mich rein, um es weiter auszumalen, so einfach stehen lassen geht auch nicht, ein herrenloser Koffer auf einem Bahnhof zu so einer sensiblen Zeit wäre tödlich!
Das würde sofort die Bundespolizei, LKA und die Bombenspezialisten auf den Plan rufen, das würde bedeuten, keine aus- und einfahrende Züge mehr, das gesamte Bahnhofsgelände würde geräumt werden.
Toll und ich habe auch noch Unterlagen im Koffer, die über meine Person Auskunft geben, bis man dann feststellen würde, dass ich keine Terroristin bin, würden wahrscheinlich Wochen vergehen. Das in meinem Zustand wäre nicht auszudenken! Also, der Koffer muss mit, egal wie! Und wenn es in Stücken ist.
Ach du lieber Himmel, jetzt auch noch die Treppe rauf, ich glaub es ja nicht, hier steig ich nie wieder um! Diesen Architekten müsste man verklagen, zur Zeit des wilden Westens hätte man ihn am nächsten Baum aufgeknüpft!
Und viele Leute schwärmen von diesem Bahnhof , ich weiß nicht, aber es wäre schön, mal zu wissen, was die für Pillen nehmen, dass man diesen Bahnhof als schön bezeichnet, obwohl man sich sein Schuhzeug und Kleidung bei Regenwetter ruiniert,und das, obwohl er überdacht ist. Ich hatte auch nicht sonderlich viel Zeit, mich hier auch noch umzusehen, denn ich musste den letzten Zuganschluss erreichen.
Endlich stand er vor mir, ein Regionalzug in seiner ganzen Schönheit, ganze vier Wagons, ich hätte ihn umarmen können. So, lieber Koffergriff,diese letzte Hürde noch in diesen Zug einzusteigen und dann kannst du meinetwegen abreißen. Im Endbahnhof Bad Bodenteich bräuchte ich diesen dann nur noch rausschmeißen. Ich werde ohnehin vom Fahrdienst der Klinik abgeholt, ich stellte mir das gerade bildlich vor, wie ich diesem Koffer einen Tritt geben würde, dass er dem Fahrer direkt vor die Füße fliegt, aber bei meinem Glück würde ich mir wohl eher den Fuß dabei brechen. Ich musste so über dieses Kopfkino lächeln, ich hielt mich zurück, denn sonst denken die anderen Fahrgäste, ich hätte einen Knall, na ja zugegeben,

ein bisschen daneben sind wir alle, oder? Sonst könnt man das Leben wahrscheinlich auf Dauer gar nicht ertragen.
Dieses abenteuerliche Umsteigen in Uelzen hatte mir sehr viel Kraft gekostet, ich war fix und alle, aber ich habe gelächelt, das bedeutete, dass noch etwas Leben in mir war.

Siehe da, der Regionalzug fuhr auch schon los, den Koffer ließ ich auch dieses Mal in Türnähe stehen, denn besser ist es, ja nicht unnötig bewegen, wäre es noch ein Umsteigebahnhof mehr gewesen, hätte man mich tot vom Trittbrett zerren können. Ach ja, so ist es, ich musste ich total zusammenreißen, um nicht laut los zu lachen.
Noch dreißig Minuten, dann hatte ich es geschafft!
Hinter mir saßen zwei Damen, die sich über den wunderschönen Bahnhof Uelzen ausließen, wie schön er doch sei. Der Künstler und Architekt Hundertwasser soll sich hier verewigt haben, also doch ein Mann, ich wußte es doch, und dass Architekten eher künstlerisch als praktikabel denken, ist allgemein bekannt. Aber der Typ muss ja eine ganz besondere Spezies gewesen sein, fachlich ist dieser Bahnhof eine Mängelruine, außerdem sind die meisten Architekten eine Art Künstler mit ganz wirren Visionen. Und bevor ich mich in dieses Gespräch einbrachte, dachte ich, Diana halt die Klappe!
Nach knapp sechs Stunden kam es dann, das lang ersehnte Bad Bodenteich, ein Bahnhof ohne viel drum herum, wie in einem Western, hier fehlten nur noch die Pferde und Postkutschen, John Wayne nicht zu vergessen. Ich hob ein letztes Mal diesen Koffer aus dem Zug und begab mich über ein weiteres Gleis in Richtung Bahnhofsausgang. Ich dachte nur an den Koffer, wenn er jetzt mitten auf dem Gleis schlapp macht und der Griff abreißt, dann lasse ich den Koffer einfach liegen und geh weiter, als wenn nichts wäre.
Aber dann fiel mir wieder ein - totale Streckensperre, man würde es erst mal als illegale Entsorgung einer eventuellen Leiche abtun - , ja, ja, ist ja gut! Ich kaufe nie wieder einen so großen Koffer. Die letzten paar Meter ging ich äußerst vorsichtig mit dem Koffer um und war dann sehr froh, als der Fahrer des Fahrdienstes der Klinik fragte: „Frau Stevens?" Ich leuchtete förmlich auf, und es kam ein freundliches erleichtertes „Jaaa" zurück.
Er nahm mir den Koffer ab, und als er ihn anhob, hörte ich nur – was ist denn da drin – ich lächelte ihn an und sagte nur: „Wissen Sie, für meine Oma hatte ich keine Fahrkarte mehr, und so entschied ich mich für diese Art

des Transportes." Er hatte sichtlich Probleme, den Koffer in das Fahrzeug zu heben. Nun lächelte auch er und antwortete: „Sagen Sie mal, wie lange wollen Sie denn bei uns bleiben, ein paar Monate?" „Nein", sagte ich nur „Fünf Wochen", so dachte ich jedenfalls.
Während der Autofahrt informierte ich mich bei dem jungen Mann über den weiteren Verlauf in der Klinik, er war ausgesprochen nett und zuvorkommend. In der Klinik angekommen, begleitete er mich bis zur Anmeldung und wünschte mir einen angenehmen Klinikaufenthalt und ich bedankte mich bei ihm, und so trennten sich unsere Wege, vorläufig zumindest.

Nach meinen Schätzungen durfte das Gebäude aus den achtziger Jahren sein, und wurde immer nach und nach saniert. Es lag etwas außerhalb des Ortes mitten im Grünen an einem herrlichen See, fast wie bei mir zu Hause, dachte ich so. Ich gab meine Unterlagen bei der ebenfalls sehr netten Dame am Empfang ab, und sie führte mich dann in einen Aufenthaltsraum, in dem sich schon einige Personen befanden. Sie gab mir dann einen Kaffee, und sie bat mich, hier zu warten, bis ich aufgerufen werde. In diesem Raum befanden sich außer einer langen Tischreihe mit Stühlen, einer Couchgarnitur in schwarzem Leder, einer Anrichte, auf dem Getränke standen, lediglich ein paar Bilder an der Wand, also hier konnte man sich bedienen. Und nicht zu vergessen, die verschiedenen Gepäckstücke der hier Anwesenden, die hier bleiben durften. Also bei manchen hatte man wirklich den Eindruck, die wollten hier einziehen, auch wenn sie alles andere als froh darüber waren, hier bleiben zu dürfen.

Abschied ist nicht immer ganz einfach! Besonders, wenn es sich hier um echte Liebe handelte, und nicht aufgesetzt war, nach dem Motto - endlich bin ich die „Olle" oder den „Ollen" los -. ich fand es immer äußerst interessant, andere aus diesen Gründen zu beobachten, um sie entsprechend einzuschätzen.
Es befanden sich vielleicht zwanzig Personen in dem Raum, die auch teilweise mit Familienangehörigen zusammensaßen, um sich langsam voneinander zu verabschieden. Ich stellte mich mit dem Becher Kaffee in der Hand lehnend an die Wand, während ich genüsslich von dem Kaffee trank, sah ich mir die Anwesenden etwas genauer an, nein, nicht die Kleidung, sondern ihre Gesichter beobachtete ich aufmerksam. Diese sprachen manchmal Bände, es faszinierte mich, welche unterschiedlichen Reaktionen ein Abschied

hervorbringen konnte. Von einem bedrückendem Lächeln bis hin zu Tränen, es war alles vorhanden. Ich fragte mich, wer bleibt hier, und wer fährt wohl heute wieder nach Hause? Und weshalb sind sie wohl hier? Das waren zunächst die ersten Fragen, die mich beschäftigten.

Ich versuchte, Personen einzuordnen und einzuschätzen und sah deshalb in die Runde. Dann kreuzten sich meine Blicke mit denen einer kleinen blonden Frau, sie war sehr lustig drauf und äußerst attraktiv. Bei dem einen oder anderen war es offensichtlich, dass sie hier bleiben würden. Das selbe dachten die anderen wahrscheinlich auch über mich, ich lächelte in mich hinein. Man sollte nicht über Menschen, die man nicht kennt, urteilen, das ist ein Grundsatz von mir - ist ja gut, ich halte mich daran.
Wie sich dann später herausstellte, habe ich mich bei dem/der einen oder anderen doch gewaltig verschätzt, ich wäre wahrhaftig eine schlechte Wahrsagerin. Aber ich lag auch manchmal richtig, denn ich sah sie später bei Tisch in meiner späteren Gruppe wieder.
Inzwischen holte ich mir selbst einen Kaffee, denn das Warten dauerte meiner Meinung ganz schön lange.
Nach und nach wurden sie aufgerufen, inzwischen war schon über eine halbe Stunde vergangen, der Raum hatte sich nicht nur geleert, sondern auch wieder neu gefüllt, es war zum Mäuse melken. Und jetzt waren es sogar wesentlich mehr, um ein Drittel mehr Leute.
Endlich wurde ich aufgerufen, aber dann stellte man fest, dass mein Zimmer noch nicht fertig wäre, also ging ich wieder zurück. Es war lauter als vorher in diesem Raum, es tat mir auch nicht gut, Lärm egal welcher Art ist nicht gut für mich. Ich bekomme immer Kopfschmerzen davon, ich habe dann den Eindruck, dass es bis in die Haarspitzen geht. Ein Gefühl, als wenn sich jeden Moment die Kopfbehaarung selbst entzündet, ein wirklich unangenehmes Gefühl!
Ich stellte mir das gerade bildlich vor und dann die Gesichter der Anwesenden, hurra, ich musste es mir verkneifen zu lachen, ein unterdrücktes Lächeln diente mir als Ventil. Ich hatte gelernt so mit Schmerzen umzugehen, um nicht in ein großes schwarzes Loch, welches man wohl als Depression bezeichnete, zu fallen.
Aber dann endlich, es kam mir wie eine Ewigkeit vor, ich wurde geholt, und man entschuldigte sich sogar bei mir für diese lange Wartezeit, es war immerhin über eine Stunde vergangen. Freundlicherweise nahm die Mitarbei-

terin mir ein Gepäckstück ab, ausgerechnet den schweren Koffer, als sie das Gewicht allein durch das Rollen bemerkte, kam dann die Bemerkung: „Ach Sie bleiben wohl länger." Meine Antwort kam mit einem leichten Grinsen, welches ich mir wahrhaftig nicht verkneifen konnte: „Ja, fünf Wochen."
Sie sah mich nur fragend an, und während wir mit dem Fahrstuhl in den dritten Stock fuhren, erklärte sie mir das eine oder andere und gab mir die Unterlagen, die ich für meinen Aufenthalt benötigte.
Im dritten Stock angekommen, zeigte sie mir mein Zimmer, mein Gepäck wurde hier erst einmal abgestellt. Mit dem Fahrstuhl ging es dann wieder runter, und mit einigen anderen wurden uns dann die wichtigsten Räumlichkeiten wie Speisesaal, Vortragsräume, Erste Hilfe Station usw. gezeigt,
Hier im Speisesaal endete unsere Führung. Hier wurde uns dann auch gleich der Tisch, an dem wir unsere Malzeiten zu uns nehmen sollten, gezeigt. Mein Platz befand sich am Tisch der Gruppe D6, was auch immer dieses Kürzel zu bedeuten hatte, es war im Moment auch völlig egal, denn ich hatte einen unheimlichen Appetit. Ich hätte einen gesamten Mammut samt Rüssel verdrücken können, man zauberte noch etwas hervor, es war lecker, soweit kann ich mich noch daran erinnern. Obwohl in diesem Zustand hätte ich alles gegessen, Hund, Katze, Käfer, egal was!
Reisen macht hungrig, und ich hatte ja den ganzen Tag keine Gelegenheit zum Essen, denn ich hatte nirgendwo einen nennenswerten Aufenthalt, der mir die Zeit und die Möglichkeit, für eine Bockwurst oder ähnliches zwischendurch bot.
Wie bereits erwähnt, das Essen war lecker, ich studierte die auf einer kleinen Tischkarte befindliche Sitzordnung, so wusste jeder, wo er hin gehörte, das war schon mal gut geregelt, sonst würde ich wahrscheinlich jeden Tag bei einer anderen Gruppe essen, und müsste mich jeden Tag aufs neue vorstellen, bei meinem zerstörten Kurzzeitgedächtnis würde ich wohl ein Chaos auslösen. Ich stellte mir das gerade so bildlich vor, nein, bloß kein Kopfkino jetzt! Also, wir waren zu acht am Tisch, ein Mann und sechs Frauen und ich. Wie ich das erkläre, muss ich noch überlegen, nun gut!
Was für ein Mischungsverhältnis, aber ich war hier nicht hergekommen, um eine intime Beziehung zu suchen. Ich wollte hier doch nur gesund werden! Ich hielt nichts von irgend welchen sogenannten „Kurschatten" oder „Matratzen-Abendteuern bei solch einer Reha-Maßnahme, denn einer war immer der Verlierer, und diese waren meist noch verheiratet.
Ich nenne das absolut respektlos seinem Ehepartner gegenüber. Um auf das

Essen zurückzukommen, es gab immer drei Menüs zur Auswahl, außerdem eine Salat- und Obstbar. So hatte man immer die Möglichkeit, auch eine andere Speisen-Variante zusammenzustellen. Das war so herrlich und entspannend, denn ich brauchte jetzt nicht mehr selbst zu kochen, das ist schon mal viel wert, wenn man sich nur noch selbst bedienen braucht.

Das Personal war allgemein sehr freundlich, und dem ersten Anschein nach war es in allen Bereichen so, dass man sich es gut gehen lassen konnte. Aber das wichtigste war, dass es alles Einzelzimmer waren, und jedes verfügte über eine Nasszelle, also über ein Bad. Die Sauberkeit ist vorbildlich, da habe ich schon ganz andere Sachen gesehen. Grüne Algen nicht im Meer sondern in der Dusche an der Wand, und so weit entwickelt, dass man sie hätte mit dem Rasenmäher ernten können.

Am meisten jedoch habe ich mich über das Einzelzimmer gefreut, denn auch das ist pure Erholung, die nächtliche Ruhe ist somit gesichert, schnarche und pupsen durch andere, dass sich die Bettdecke hebt und senkt, ist somit ausgeschlossen.

In einer anderen Klinik hatte ich eine Bettnachbarin, bei der setzte nachts, wenn sie schlief, immer die Atmung aus, also das war Psycho pur, morgens war ich dann am Rätseln, lebt sie noch oder ist sie schon kalt und in den ewigen Jagdgründen. Bis sie mich dann nachts einmal völlig verwirrt weckte und der Meinung war, der Bus kommt gleich, ich sollte mich schon mal anziehen. Man stelle sich vor, wir sitzen da angezogen im Bett, beide mit Handtaschen an der Hand, das mitten in der Nacht, die Nachtschwester fragt alles gut? Und sie bekommen dann zur Antwort: „Wir warten nur auf den Bus." Das sind Situationen, über die man lieber nicht nachdenken sollte, aus dieser Nummer wäre ich nie wieder rausgekommen. Man hätte uns beide in die Klapse gesteckt, denn jegliche Ausrede wäre hier vergebens gewesen.

Also das Essen hier im Speisesaal schmeckte mir jedenfalls, es gab an der großen Essmeile - so nenne ich mal diese Theke der Selbstbedienung - drei Menüs zur Auswahl, außerdem bestand noch die Möglichkeit, aus dem vorhandenen Angebot sich ein eigenes Essen zusammenzustellen.

Die Salat- und Obsttheke war auch interessant, sehr gut bestückt, man musste schon flink sein, um hier noch aus dem Vollen schöpfen zu können, denn das reichhaltige Sortiment war schnell vergriffen. Das war sehr oft der Fall, wenn beispielsweise vor einem ein Übergewichtiger schnaubend zum Essen anstand, diese Diät der Selbstbedienung hat niemand verstanden.

Am wenigsten, wenn man diese Berge von Essen auf den Tellern sah. Davon hätte eine Kleinfamilie leben können! Man möge mir verzeihen, aber ich nannte sie immer „Saurier", das hatten aber vereinzelte sich selbst zuzuschreiben, da, wo die am Büfett zuschlugen, war anschließend nur noch gähnende Leere. Wenn man beim Küchenpersonal Bescheid sagte, wurde auch sofort das Fehlende wieder aufgefüllt, sofern es natürlich noch vorhanden war. Allgemein war das Personal sehr freundlich und hilfsbereit, das muss man schon sagen, die Erfahrung habe ich zumindest gemacht!

Weshalb ich da war, wusste ich ja, aber all die anderen Patienten, die konnten ja unmöglich alle dasselbe haben, abgesehen von den ganz dünnen oder die ganz dicken..., ich habe noch nie so füllige Menschen gesehen, nicht in solcher Gewichtsklasse, denn manche konnten nicht einmal mehr gehen. Für mich anfangs sehr unbegreiflich, egal, was es ist, fehlende Willensstärke, oder genetisch bedingt, man würde diese Menschen nur bedingt außerhalb der Klinik begegnen, man hätte also nie die Möglichkeit, solchen Menschen gegenüber sogenannt Vorurteile abzubauen. Hier lernt man, anders damit umzugehen, sage ich mal so dahin, trotzdem ist es für mich unfassbar.
Der Speisesaal ist überhaupt die Bezugsquelle für Informationen jeglicher Art, hier trifft man alles, was sich in der Klinik aufhält, selbst die Ärzte. Ich finde es äußerst Interessant, was hier so alles herumläuft, Psychos, Depressive und... Viele Patienten wissen gar nicht, weshalb sie da sind. Krankheiten und die Menschen, die diese beherbergen, werden oft falsch eingeschätzt, hier lernt man das Ganze zu verstehen, weil man ja auch aufgrund gesellschaftlicher Vorgabe einfach - ohne genauer darüber nachzudenken - zum Mitläufer wird. Hier habe auch ich einige meiner Vorurteile gekippt!
Aber auch trotz seiner genialen biologischen Konstruktion ist der Mensch nicht fehlerfrei und nur bedingt belastbar, die Patienten, die sich hier in der Klinik befinden, haben die Warnungen des Körpers nicht bemerkt oder einfach ignoriert. Was dabei herauskommt, wissen wir alle, aber nach diesem Aufenthalt hat man die Möglichkeit, ein letztes Mal die Weichen zu stellen, um gesund alt werden zu können. Noch kranker ist dann schon balla balla, jeder weiß, was ich damit meine. Einen kleinen Knall haben wir alle, sonst würden wir den täglichen Anforderungen nicht mehr gewachsen sein, aber viele Ziele sind einfach zu hoch gesteckt. Es gibt auch Ziele, die man nicht

erreichen kann, oder auch nicht erreichen sollte, die Erfahrung habe ich jedenfalls gemacht. Ich habe es inzwischen verstanden, dank des Aufenthaltes in dieser Klinik!

Als meine Ärztin Sabine Peterson mit mir den Aufnahmebogen ausfüllte, hat sie alles angekreuzt! Dabei meinte sie es nur gut mit mir, und wahrscheinlich hatte sie auch recht mit ihrer Einschätzung, denn ich kann mir darüber kein Urteil erlauben, denn ich bin ja keine Ärztin. Aber ich vertraue ihr. und deshalb verstehen wir uns auch so gut, meist trifft es auch zu, was sie sagt. Aber diese vielen Kreuze auf dem Aufnahmebogen machten mich erstmal richtig nervös, ich bekam Augen so groß wie Spiegeleier - meine Güte, Sabine, ich wollte eigentlich auch mal wieder nach Hause, dachte ich so bei mir! Und sagte es ihr auch. Sie lachte nur und sagte: „Das tut dir bestimmt gut, glaube mir." Hoffentlich hatte sie recht!

Damals dachte ich nur, na ja, fünf Wochen gehen ja eigentlich schnell herum, aber diese vielen Kreuz, das sah ja aus, als wenn ich da einziehen wollte, wie war das noch, wenn man länger als sechs Wochen weg ist, sollte man sich ummelden, ganz ehrlich, das hat mich schon alles nachdenklich gemacht.

Dieser Klinikaufenthalt hat vielleicht auch Auswirkungen auf mein Leben, wer weiß! Ach quatsch, dachte ich so bei mir, auf jeden Fall musste etwas mit mir passieren. Es konnte nicht sein, dass ich so weiter lebte, ich war ja nicht einmal mehr in der Lage, meine Post zu erledigen.

Die Einkäufe stapelten sich zu Hause, und ich konnte mich nicht mehr daran erinnern, einkaufen gewesen zu sein. Das beste Beispiel passierte bei meiner Bank, wo man mir sagte, dass ich heute schon einmal da war, und die Überweisungen bereits gemacht hatte, ich konnte mich nicht mehr daran erinnern. Also ist da schon was im argen, aber was genau, das musste aber erst mal herausgefunden werden. Was sind schon fünf Wochen, das sind doch eigentlich Peanuts!

Der Tisch der Gruppe D6 befand sich in unmittelbarer Nähe der Speisetheke, so dicht an all dem Essen, ob das allerdings so gut war, hier konnte sich, wie bereits erwähnt, jeder selbst bedienen, na, das wird bestimmt zum Schluss bei mir mit Übergewicht enden, das weiß ich jetzt schon, dafür esse ich viel zu gern. Leichte Demenz war ja noch zu vertreten, aber dement und dick, das geht nicht, da muss ich aber aufpassen. Ich war das erste Mal zu solch einer Reha-Maßnahme mit all diesen Therapien und Anwendungen, daher hatte ich weder Möglichkeiten eines Vergleiches, das galt auch für

Speisen oder die nötige Unterbringung. Aber für mich war das hier wie Urlaub mit Beschäftigungstherapie, mit einem Wochenplan, den auch jeder auf sich abgestimmt erhielt, erinnerte uns täglich daran, dass wir nicht nur Rechte, sondern auch Pflichten zu erfüllen hatten. Bei verweigerter Teilname konnte es sein, dass man das Haus verlassen musste, oder bei Reha-Abbruch wurde man herangezogen, alle Kosten zu übernehmen. Das konnte ganz schön teuer werden, diese Variante traf auch bei Alkohol oder Drogenkonsum während des Klinikaufenthaltes zu, aber damit hatte ich glücklicherweise ohnehin nichts zu tun.

Die Zimmer waren im Prinzip alle gleich eingerichtet, jedes hatte eine eigene Nasszelle mit Duschbad. Es war alles sauber und ordentlich, so manches Krankenhaus konnte sich hier eine Scheibe abschneiden. Sicherlich war nicht alles perfekt, wie beispielsweise die Einrichtung der Zimmer, denn sie waren schon etwas älter, aber diese wurde bereits nach und nach erneuert, also an diese Standard sollten andere erst einmal herankommen.
Gleich am ersten Tag hatte man die Gelegenheit, die Ärzte und Psychologen kennenzulernen, die einen den ganzen Aufenthalt über begleiten sollten, jeder hatte die Möglichkeit, sich mit dem Arzt seines Vertrauens anzufreunden oder auch nicht. Die Möglichkeit eines Wechsels war durchaus möglich, irgendwie wusste der mir anfangs zugeteilte Arzt nichts mit mir anzufangen, das war auch gut so, mit dem wäre ich nie im Leben auf einen Nenner gekommen, er wirkte für mich so distanziert und unnahbar. Obwohl er vielleicht nichts dafür konnte, aber mir erschein es jedenfalls so.
Und so landete ich schließlich bei meinem Oberarzt Dr. Krause, seines Zeichens Psychologe und Neurologe.
Ich wartete geduldig auf dem Flur, bis der Gesprächszeitpunkt erreicht war, also hatte ich noch etwas Zeit, mir Gedanken zu machen, was das wohl für ein Typ Arzt sei. Entweder erzkonservativ oder ein völlig durchgeknallter Psychofreak, so mit Piercings und gelb grünblauen zu einem Maulwurfshügel aufgetürmten Haaren. Aufgrund meiner Kranken-Geschichte habe ich ja nun einiges an Ärzten kennengelernt, und der eine oder andere Psychologe hätte wohl eher selbst Hilfe gebraucht. Ist ja auch kein Wunder, wenn man nur mit Knallköpfen zu tun hat, dieser Funke springt dann irgendwann von Patienten auf den Arzt über.
Das lässt sich manchmal nicht vermeiden, und es kommt auch leider immer wieder vor.

Endlich nun saß ich meinem Arzt Dr. Krause gegenüber, wir sahen uns an, und jeder von uns zwei versuchte, heraus zu finden, wie es mit dem jeweiligen Gegenüber stünde, er war nett, ein smarter junger Arzt mittleren Alters und scheinbar noch nicht von den Bekloppten dieser Welt infiziert. Wir schwiegen eine ganze Zeit, obwohl wir uns gegenübersaßen und nur der Schreibtisch zwischen uns stand.

Dann sagte ich ihm, dass die meisten Psychologen selbst einen Knall hätten, er lachte und antwortete: „Nun ja, das mag wohl so sein, aber ich bin ja noch jung, vielleicht kommt es noch bei mir." Das machte ihn sehr sympathisch, das war für mich äußerst wichtig, und wir lächelten beide über unsere Bemerkungen. Denn zu einem Kotzbrocken von Arzt hätte ich überhaupt kein Vertrauen aufbauen können, aber bei Dr. Krause hatte ich ein gutes Gefühl, und das schon nach kurzer Zeit. Das erste Gespräch mit ihm - ich nenne das mal Schnuppertermin von dreißig Minuten - ging sehr schnell vorbei. Ich bekam für die darauf folgende Woche einen neuen Termin, den ich in meinen Wochenplaner, der zum Wochenende neu herausgegeben wird, wieder finden würde. Ich verließ sein Büro und studierte diesen Plan. Oberarzt Dr. Krause war heute der letzte Termin, also hatte ich für heute alles erledigt. Als ich am Empfang ankam, erkundigte ich mich noch einmal nach der Möglichkeit, einen Fernseher zu mieten, man erklärte es mir freundlicherweise sehr ausführlich.

Ich bezahlte die Gebühr und konnte sicher sein, dass ich noch heute einen auf mein Zimmer bekam, das fand ich ja schon mal Klasse! Ich hatte zu Hause wohl selbst ein neues Gerät, aber ich hatte es in all den Jahren nicht angeschlossen, es ist noch original verpackt. Ich wollte meine Ruhe haben und keine Gewalt oder Schreckensnachrichten sehen, die es auf der ganzen Welt in Hülle und Fülle gab. Außerdem hatte ich mein bisheriges Leben so viel Schreckliches erlebt, und auch selbst erfahren, dass bis zu meinem Lebensende diese Quote erfüllt ist. Deshalb lebe ich auch sehr zurückgezogen, obwohl ich gern mit Menschen zu tun habe, aber das Erlebte sitzt viel zu tief, um es vergessen zu können. Diese Art von Gewalt, Pein und Psychoterror hatte mein späteres Leben bestimmt und mich menschlich geprägt.

Da ich bis zum Abendbrot noch etwas Zeit hatte, begab ich mich auf mein Zimmer und packte erst mal meine Sachen aus, ich verstaute diese dann im Kleiderschrank, im Schreibtisch, in der Anrichte, im Nachtschrank und im Badezimmer. Ich hatte sogar noch Zeit, zu duschen und mich zum Essen umzuziehen. Man fühlte sich gleich ganz anders nach so einem langen Tag, denn ich war ja schon um fünf Uhr aufgestanden, um 6.14 Uhr fuhr bereits mein Zug in Richtung Hamburg.

Bloß nicht aufs Bett legen, dachte ich, sonst wirst du erst morgen früh wieder wach, und ich wollte doch meine Gruppe D6 komplett kennenlernen. Der Fernseher war bereits auf dem Zimmer, meine Fernseh-Gebühr war für den Zeitraum von vierzehn Tagen bezahlt, und so hatte ich das Glück, noch am gleichen Tag dieses Gerät auf dem Zimmer zu haben.

Ich setzte mich an den Schreibtisch und studierte den Wochenplan für den Rest der Woche. Auf diesem Wochenplan war auch vermerkt, dass man die vorgegebenen Essenszeiten einhalten sollte, damit das Küchenpersonal die übrigen Speisen entsprechend abräumen konnte.

Da bin ich doch gespannt, wen ich da alles am Tisch sitzen habe, sechs Frauen, ein Mann, und ich war ja klar, aber wie waren diese wohl drauf?

Inzwischen konnte man zum Essen gehen, und beim Reingehen nahm ich mir gleich einen Tee und stellte diesen auf meinen Platz. Ich nahm mir einen Teller und stellte mich in die Schlange zur Theke und bediente mich an dem abendlichen kalten Büfett, es war eine sehr gute Auswahl, das muss ich wirklich zugeben. In anderen Kliniken gab es so etwas gutes nicht, da war das gesamte Angebot auf maximal fünf diverse Wurst- und Käsesorten begrenzt. Wenn man dann für einige Wochen bleiben musste, war das gar nicht so witzig. Mein erster Klinik-Aufenthalt vor drei Jahren verlief so, man träumte von dieser Wurst ohne Geschmack, die bereits zweimal gestorben und wieder auferstanden war. Es war wohl besser, deren Herkunft nicht zu erfahren.

Hier war alles viel besser, auch das Brotangebot war absolute Klasse, es war mit keiner anderen Klinik, in der ich vorher gewesen war, zu vergleichen. So, der große Moment war gekommen, am Tisch saßen bereits zwei Frauen, als ich mich dazu setzte, und die anderen folgten nach und nach, so stellten wir uns dann auch vor, nach und nach. Der einzige Mann saß ausgerechnet neben mir! Ich meine, er konnte ja nichts dafür, dass er ein Mann war, aber ausgerechnet neben mir, und auch noch an meiner rechten Seite.

Männer! Ein Kapitel für sich, denn alles Schlechte, was man mir angetan hatte, geschah durch diese echt überflüssige Spezies, ich brauchte sie wirklich nicht in meiner Nähe. Na, ja keine Vorurteile, dachte ich nur, aber Matthias schien ganz nett zu sein, und das er „verzaubert" war, habe ich nach fünf

Minuten gewusst, und so brauchte ich nichts zu befürchten. Einen Platz weiter saß Annemarie, dann kam Carola, gegenüber dann Gertrud und Bärbel. Und noch mal Bärbel zu meiner linken saß dann Frau „Unheimlich", die war verschlossen und eine merkwürdige Person. Aber irgendwie konnte man mit ihr nicht warm werden, sie wirkte immer distanziert.

Während des Essens erzählte jeder, woher er kam, wobei sich das durch Fragestellungen in dieser Runde einfach so ergab, man kam aus dem ganze Bundesgebiet zusammen, um hier etwas für sich zu tun, der Gesundheit wegen, gesünder zu gehen, als man gekommen war. Das erhoffte wohl jeder der hier Anwesenden, es war eine äußerst interessante Runde, man versuchte, sich kennenzulernen, aber so richtig wollte niemand allzu viel von sich preisgeben. Vor allem stellte sich bei dem einen oder anderen die Frage, weshalb war man eigentlich hier? Zumindest ging es mir so!

Zu den anderen hier am Tisch konnte ich zumindest im Moment nichts sagen, aber eines wusste ich, ich war bei dieser Gruppe gut aufgehoben. Man musste sich auch erst einmal kennen lernen.

Wir schienen irgendwie alle ähnliche Beschwerden zu haben, um es mal ganz vorsichtig auszudrücken, schließlich möchte ich ja auch niemanden verurteilen oder zu nahe treten. Man fühlte sich sehr wohl in dieser Runde, und nur das zählte, jeder respektierte jeden, so sollte es doch auch sicherlich sein.

Wir witzelten noch über die eine oder andere Anreise der einzelnen, und ich bemerkte, wie verloren sich Matthias unter den Frauen vorkam. Aber auf der anderen Seite gefiel es ihm, der Hahn im Korb zu sein, so manch anderer beneidete ihn wohl deshalb.

Der erste Tag in dieser Klinik ging dem Ende zu, und wir waren wohl alle froh, ins kuschelige Bett zu kommen. Wir verglichen noch unseren morgigen Tagesablauf, wer was zu absolvieren hatte und wo was statt fand, das war nämlich nicht so einfach in diesem Gebäude, schließlich musste man ja diese Räume, die seitlich mit Nummern versehen waren, auch finden. Das war zu Anfang sehr chaotisch, weil man sich eben noch nicht auskannte.

Gleich morgens um 6.30 Uhr sollte ich wie ein Ackergaul schnaubend um diesen See laufen, er war wirklich wunderschön hinter der Klinik angelegt, und das ganze im Sportdress. Da könnte ich mich gleich mit meinem Rollstuhl zu Formel 1 Rennen anmelden. Ich hatte Gleichgewichtsprobleme und benötigte einen Rollstuhl als Gehwagen für längere Strecken, also irgend-

was läuft da verkehrt, ich verstand jetzt die Welt nicht mehr. Annemarie hakte mich ein, und so gingen wir langsam um den See herum, wie es mir eben möglich war, ohne irgend welche Rekorde aufstellen zu wollen, diesen sogenannten Morgenlauf sollte ich die ganze Woche jeden morgen absolvieren. Gut, das werde ich wohl mitmachen, aber nur im Schritttempo, anders geht es ohnehin nicht. Dr. Krause hatte ja gesagt, wenn etwas nicht geht, dann sollte ich mich melden, damit eine Ersatzmöglichkeit gesucht wird.
Es war für mich ein Unding, sich schon vorher - also ohne Frühstück - geistig oder körperlich zu betätigen. Manche mögen es ja, weil es alle Bereiche des Körpers aktiviert, und man sich so wohl mehr auf das Frühstück freut. Aber ich habe festgestellt, dass so nur Geislinger und diese Getreidefreaks drauf sind, also Bio, was das Zeug hält, zurück in die Steinzeit, wo noch echte Männer mit der Keule erst das Mammut erschlagen haben und dann eine Frau erlegten, die das ganze zubereitete. Für mich sind morgens zwei belegte Brötchen, ein Becher Kaffee und etwas Obst weitaus schmackhafter, als so eine haarige Mammutkeule, die von einer wahrscheinlich zahnlosen Wilden zubereitet wurde.
Wen das Frühstück morgens nicht stimmte, war für mich der ganze Tag im Eimer, und das Frühstück hier war ja im Gegensatz zu anderen Kliniken ein Traum, und das sollte fünf Wochen so sein, die „Götter" meinten es wirklich gut mit mir. Wir waren alle schon auf die Gruppentherapie gespannt, also alle bis auf Matthias fanden das Frühstück gut, er natürlich nicht, das war ja klar! Männer! Danach folgte eine Gesprächsrunde mit der Psychologin, ein Gruppengespräch besser gesagt, jeder kann sich hier einbringen und über sich und sein Problem erzählen, jeder stellt ich vor, und so ging es reihum und jeder erfuhr über den anderen das, was er wissen durfte. Ich persönlich finde das supergut, so lernt man die Stärken und Schwächen des anderen kennen, in solch einer Runde ist natürlich Diskretion notwendig, da hat auch jeder zugestimmt, dass alle Informationen unter den Anwesenden bleibt.
Wie bildeten mit unseren Stühlen einen großen Kreis, und so konnte jeder jedem ins Gesicht sehen, während man offen über fast alles sprach.
In dieser Runde mit diesen hier anwesenden Leuten fühlte man sich wohl, obwohl wir uns kaum kannten, vertrauten wir, wenn auch zögernd einer jungen Psychologin, die vom Alter her unsere Tochter hätte sein können, private Dinge an. Wir waren ja eigentlich jeder jedem gegenüber fremd, und es ist ja schon beachtlich, wie weit man sich doch auf sehr dünnes Eis hinaus wagt.

Eine hundertprozentige Gewährleistung von Diskretion gab es ja eigentlich nicht, darüber denkt man auch erst hinterher nach, wenn alles gesagt ist.

Man sollte über Erlebtes berichten, mit dem nicht fertig wird, weil man es nicht verarbeiten kann, weil es einen zermürbt, innerlich regelrecht zerfrisst. Das kann alles mögliche sein – Vergewaltigung, Missbrauch, Misshandlung, Psychoterror, körperliche Gewalt in Verbindung mit psychischem Sadismus, und dann gibt es noch die Modeerscheinung Terror und Mobbing auf höchster Ebene - da fragt man sich doch, was ist das für eine kaputte Menschheit!

Diese irrationalen seelischen Schäden, die durch solche Erlebnisse verursacht werden, sind verheerend, wenn sie nicht behandelt werden. So entstehen tickende menschliche Zeitbomben, die jeder Zeit detonieren können und so entsteht auch ein menschlicher Alptraum.

Oder auch - ein menschliches Schicksal nimmt seinen Lauf die Richtung bestimmt seine Seele. Ich bin keine Psychiaterin oder Psychologin, aber ich habe mich damit beschäftigt, weil ich das meiste dieser Grausamkeiten bereits im Kindesalter von acht Jahren immer wieder und das über lange Jahre am eigenen Körper erlebt hatte. Warum sind Menschen zu solchen Taten fähig, und was treibt sie dazu an?

Man hat mich schon vor Jahrzehnten seelisch verstümmelt, aber niemand hatte es für nötig befunden, ein kleines Kind aus den Fängen dieses Schicksals zu befreien. Für mich heute unbegreiflich, wie man solche Menschen sich selbst überlässt.

Ich saß rechts neben der Psychologin, also würde ich ziemlich zum Schluss an die Reihe kommen. Und solche Erlebnisse und Geschichten sollte ich dieser Frau anvertrauen, das kriege ich nicht fertig. Ich glaube diese Nummer ist etwas zu viel des Guten, es reicht, wenn ich mich damit beschäftige und lerne, damit umzugehen und zu verarbeiten, und das schon seit fünfzig Jahren.

Dr. Krause wäre hierfür geeigneter, wobei ich hier nicht an den Fähigkeiten dieser Psychologin zweifle, aber es ist wie bereits gesagt eine Vertrauensfrage. Mein Leben war bisher ein Chaos zwischen Himmel und Hölle, und die einzige Frage stellt sich mir, wann endlich meine Erlösung kommt.

Kapitel II

Das rote Kleid

Menschen tun oft Dinge, die sie selbst nicht verstehen

Wie viele andere auch, war ich als Handwerker auf dem Bau tätig. Ich liebte den Beruf des Tischlers, er war vielseitig, und man konnte am Abend eines jeden Arbeitstages sehen, was man geleistet hatte. Ich liebte den Umgang mit Holz, für mich lebte es trotz allem weiter.
Das Handwerkliche hatte es mir überhaupt angetan, gleich welches Material es auch war, ich konnte damit umgehen, mir war diese Fähigkeit - von wem auch immer - in die Wiege gelegt worden.
Mit sechsundzwanzig Jahren verfügte ich bereits über drei erlernte Berufe, und es machte mir immer wieder Spaß, etwas Neues dazu zu lernen.
Wenn mich was interessierte, wollte ich so viel wie möglich darüber lernen, ich gab mich erst dann zufrieden, wenn ich es beherrschte.
Es war Freitag, und ich wollte heute unbedingt pünktlich gehen, weil Klara, eine gute Freundin von mir, ihre Hochzeit feiern wollte. Sie war mit ihren siebenunddreißig Jahren bereits Witwe, ihr Mann, der von Beruf Polizist war, wurde durch einen Autounfall getötet.
Ich habe ihn leider nicht mehr kennengelernt, Klara und ich waren gute Freunde, oft hatte ich bei ihr übernachtet, damit sie nicht so allein war. Obwohl wir zusammen im Bett schliefen, zusammen duschten und uns auch so prächtig verstanden, beschlossen wir, es dabei zu belassen.
Ich liebte ältere und wohl proportionierte Frauen, und Klara hatte diese Voraussetzungen. Wir liebten uns auf unsere Weise.
Wir hatten kein Verhältnis miteinander, obwohl wir beide wussten, wie der Körper des anderen tickt, hat es uns manchmal großen Spaß gemacht, die Grenzen herauszufinden.
Wie weit konnte man gehen, den anderen sexuell zu reizen, für uns war es immer wieder ein Experiment. Völlig unbedarft zu sein, keinen Anspruch auf den Körper des anderen zu erheben, das erinnerte mich ehr an meine Kindheit.
Nach drei Jahren hatte sie nun jemanden kennengelernt, der, so wie es schien, für sie der Richtige war. Auch wenn sie mich oft nach ihrer Meinung fragte, so antwortete ich ihr stets, dass es ihr Leben sei, und ich dürfte mir deshalb kein Urteil erlauben, was meiner Ansicht richtig war.
Und genau für diese Hochzeit brauchte ich noch einen Anzug. Ich hatte zwar Anzüge, aber ich wollte mal sehen, was es neues gab. Außerdem wollte ich zu dieser Hochzeit einfach mal etwas anderes anziehen.
Pünktlich um 14.00 Uhr machte ich Feierabend, ich duschte noch in der Firma, so brauchte ich nicht erst nach Hause zu fahren.

Es war ein toller Julitag, die Sonne schien, nicht eine Wolke war am Himmel, es war einfach ein Traumwetter und es versprach ein wunderschönes erholsames Wochenende zu werden.
Ich setzte mich in mein Auto und fuhr in Richtung Innenstadt, da ich keine Lust hatte, lange nach einem Parkplatz suchen zu müssen, fuhr ich gleich in das im Zentrum gelegene Parkhaus.
Wenige Minuten später schlenderte ich mit einem Eis in der Hand in Richtung Kaufhaus. Hier in der Einkaufsstraße war einiges los, wo man hinsah, waren Menschen über Menschen zu sehen. Ich beobachtete gerne Menschen, gleich wo es war, an Flughäfen oder Bahnhöfe und auch große Feste waren immer ein Highlight für mich. Diese Menschen stellten alle ihre Persönlichkeit zur Schau, sei es durch Aussehen, Kleidung oder Frisur.
Ich konnte sie stundenlang beobachten, und es reichte, mich entweder zu einem Lächeln zu verhelfen oder mich zum Nachdenken zu bewegen. Aber meistens ging es sehr lustig zu, ja, ich muss zugeben, ich bin ein humorvoller und sensibler Mensch, aber ich respektierte auch die Menschen, gleich welcher Art sie auch sind.

Da war das Kaufhaus, in das ich so gerne einkaufen ging, alles übersichtlich über mehrere Etagen und obendrein Kleidung von guter Qualität zu einem einigermaßen günstigen Preis. Und ich ließ mir immer recht viel Zeit beim Kauf von Kleidung, denn so manches Schnäppchen habe ich auf diese Weise schon irgendwo im Abseits der Hauptwege gefunden.
Ich fing generell ganz oben an und „arbeitete" mich dann in Richtung Erdgeschoss durch. Die vierte Etage Damen, die dritte Etage Herren, die zweite Etage Unterwäsche für Damen und Herren, die erste Etage Kinderbekleidung und zum Schluss im Erdgeschoss waren immer die Angebote. Ich kannte mich hier aus, denn auch als Handwerker legte ich stets wert auf gepflegtes Äußeres, insbesondere bei der Kleidung- Es war zwar etwas ungewöhnlich, aber wie sagte ich damals schon immer, jeder hat seine „Macke", auch ich.
Mir war es egal, was gerade Mode war, ich zog immer das an, was mir gefiel, ich war nicht gerade hässlich, und sportlich obendrein. Klare lachte immer, wenn sie mich auf solchen Einkaufstouren begleitete, oft sagte sie: „Wenn man dich nicht kennen würde, man könnte meinen, du wärst schwul." Aber, wie gesagt, ich kleidete mich gern etwas exotisch, was man ja eher den Menschen zuschreibt, die etwas anders sind als andere, wie

Schwule zum Beispiel. Das Urteil anderer interessierte mich überhaupt nicht, es war mein Leben, und nicht das der anderen.

Da die Geschäfte bis um 18.00 Uhr geöffnet hatten, verfügte ich über genug Zeit, mir alles in Ruhe anzusehen, wie bereits erwähnt, fing ich ganz oben in der Damenabteilung an. Ich staunte immer wieder, was es doch an tollen Sachen für die Damenwelt gab, einfach umwerfend, kein Wunder, dass dem angeblich „schwachen Geschlecht" die Männer zu Füßen lagen. Ja, Frauen sind was tolles, ich liebte sie von ganzem Herzen, und sie verdienen es auch über eine wesentlich größere Auswahl von Kleidung zu verfügen als Männer. Aber neidisch werden könnte man trotzdem, dachte ich so, und verließ nach einer Weile die Welt der Damenkleidung.

In der für mich vorgesehenen Etage mit der Herrenkleidung gab es lange nicht so viel Auswahl, aber einmal im Monat ging ich einkaufen. So kam ich so manches Mal an ein gutes Schnäppchen und an Stücke, die ich sonst nicht kaufen würde.

Nun ja, ich war achtundzwanzig Jahre, war sportlich fit und eher ein Frauentyp, aber charmant und höflich, tanzte leidenschaftlich gern und auch sehr gut, obwohl ich nie eine Tanzschule besucht hatte. Und wie bereits erwähnt, mein Interesse galt eher den älteren Frauen, die wussten, was sie wollten, sie waren nicht so kompliziert wie die jungen Damen dieser Gesellschaft, in der ich mich bewegte. Mit Gesellschaft meinte ich Leute aus allen Gesellschaftsschichten, hier gab es Lokale, da saß der Anwalt neben dem Müllmann oder die Frau Bürgermeisterin trank mit ihrer Putzfrau. Ohne irgendwelche Vorurteile, und das gefiel mir unglaublich gut, hier fühlte ich mich „sauwohl", hier konnte jeder so sein wie er wollte. Hier gab es keine gesellschaftlichen Ränge, aber so manches Techtelmechtel, wie anderswo auch, nur wurde es hier diskret behandelt, denn alle wussten es, doch offen gesprochen wurde darüber nicht.

Während ich nun auf der Suche nach meinem Anzug war, ging mir doch diese Damenabteilung, in der ich vorher gewesen war, nicht mehr aus dem Kopf, seltsam dachte ich noch so bei mir.

Über eine Stunde verbrachte ich hier nun schon in der Herrenabteilung, ich glaube, ich habe zehn Anzüge anprobiert, einige passten wie auf Maß geschneidert, doch sie gefielen mir nicht, meist lag es an der Farbe. Ich hatte zu Hause drei Anzüge einen in blau, einen in schwarz und einen in weiß, ich konnte mich anstrengen, wie ich wollte, ich fand nichts.

Es war einfach zum „Mäuse melken", in ein anderes Geschäft wollte ich nicht, denn hier passte mir meist alles auf Anhieb, das kommt nun auch nicht überall vor. Also gut, dachte ich, wenn nicht dann nicht!

Statt nach unten zu fahren nahm ich die Rolltreppe nach oben in die Damenabteilung, denn ich wollte hier nochmal sehen, was es so für den feierlichen Abend sprich Anlass geben würde, und ohne darüber nachzudenken, sah ich mir diese wunderschönen Abendkleider an. Eines schöner als das andere, ich war so fasziniert davon, dass ich fast wie hypnotisiert war, ich versuchte mir ein knallrotes wunderschönes Abendkleid aus, es war einfach Wahnsinn, ich nahm es und ging damit zu den Umkleidekabinen. Das war überhaupt nicht normal, aber mir war es zu diesem Zeitpunkt völlig egal, ich wollte unbedingt dieses Kleid auf meiner Haut spüren. Ich hatte zwar keinen Busen, aber das wollte ich jetzt wissen, wie mir dieses Waffenschein pflichtige „Teil" stehen würde. Die anwesenden Damen sahen mich zwar etwas verstört an, als ich damit in der Umkleidekabine verschwand, aber das war für mich nur nebensächlich.

Ich hatte meiner Freundin, die von Größe und Figur mir ähnelte, letztes Jahr ein Sommerkleid geschenkt, so hatte ich noch die ungefähre Größe in Erinnerung.

Beim Anblick dieses Kleides müssen meine Augen gefunkelt haben, ich war nicht mehr zu bremsen, ich konnte es kaum erwarten, das Kleid anzuziehen. Allein der sagenhafte Stoff Satin in seiner edelsten Beschaffenheit und Schnitt war einfach Wahnsinn und faszinierend. Nachdem ich endlich mein Hemd und meine Jeans ausgezogen hatte, überlegte ich kurz, ja, ich hatte in der Firma geduscht, ich wollte nicht, dass das Kleid womöglich noch schmutzig werden würde. Und so streifte ich mir diesen „Traum" von Kleid vorsichtig über, das war ein unheimlich tolles Gefühl auf der Haut, einfach kaum zu beschreiben, es war fast mit einem erotischen Erlebnis zu vergleichen. Ein tolles Kleid war das, ich konnte mich gar nicht wieder beruhigen, ich war sichtlich aufgeregt, aber ich empfand es mehr als angenehm. Es passte mir so gut, als wäre es nur für mich genäht worden, meine Güte war das ein tolles Gefühl.

Da in der Kabine nur ein kleiner Spiegel vorhanden war, verließ ich diese, um mich in dem größeren Spiegel vor der Kabine ansehen zu können. Ich hatte zwar eine männlich sportliche Figur, aber ich sah für einen Mann eigentlich zu feminin aus, das hatte man mir schon oft gesagt.

Der männliche Haarwuchs, den man als Bart bezeichnete und auch sonstige Körperbehaarung fielen bei mir so sparsam aus, dass ich manchmal glaubte, man hätte mich absichtlich damit verschont. Was mich aber nicht sonderlich störte. Im Gegenteil, denn ich war sehr froh darüber, denn ich empfand überflüssige Körperbehaarung als unhygienisch und störend, auch so etwas gibt es.

So stand ich nun von der Sonne gebräunt in einem hautengen knallroten Abendkleid vor diesem großen Spiegel, das Kleid hatte ein großzügiges Dekolleté, dünne Träger und war seitlich sehr hoch geschlitzt. Ich fühlte mich in diesem Kleid so wohl, dass ich es am liebsten anbehalten hätte, ich drehte mich um, um es mir auch noch seitlich anzusehen, es war ein Traum in rot. Einfach nur herrlich.

Gott sei Dank war niemand in der Nähe, der mich kannte, denn ich glaube, man hätte an meinem Verstand gezweifelt. Ich lachte in mich hinein, wenn ich mir so die Gesichter einzelner Freunde und Bekannte vorstellte, aber dieses Kleid hatte es mir wirklich angetan. Rote Schuhe mit hohen Absätzen dazu und das nötige Outfit, und schon war es perfekt, der absolute Hammer, ich stellte mir das gerade bildlich in meinen Gedanken vor, ja, das hatte etwas.

Erst jetzt bemerkte ich zwei Frauen, die in meiner unmittelbaren Nähe standen, sie sahen mich sprachlos an, ihr Gesichtsausdruck sagte alles aus. Sie hielten mich bestimmt für jemanden von einem anderen Planeten, ich grinste und sagte zu ihnen: „Ist das nicht ein tolles Kleid?" Ich bekam dann nur ein zögerndes „Ja, sehr schön" zur Antwort.

Jetzt lächelte ich und „sagte Danke für diese tolle Aussage, ich denke auch, dass ich es kaufen sollte". Die beiden Damen waren sichtlich verwirrt, und so ging ich auf sie zu und fragte sie höflich und freundlich, wie ich nun mal war, wo ich wohl die passenden Schuhe zu diesem Kleid kaufen könnte.

Jetzt waren sie total fertig, völlig entgeistert sahen sie mich an, als wenn sie sagen wollten, auch das noch, der ist total durchgeknallt, man musterte mich von oben bis unten. Die beiden Damen sahen mich fragend an, aber dann antwortete man mir genau so höflich: „Ah, hmm wenn nicht hier, dann bei dem großen Schuhgeschäft links am Rathaus, hier haben Sie die Möglichkeit, Damenschuhe bis Größe dreiundvierzig zu kaufen. Außerdem haben die eine Riesenauswahl von wunderschönen Schuhen."

Ich bedankte mich für diese Information, und so ging ich in meine Umkleidekabine zurück, und während ich mich wieder umzog, dachte ich so bei

mir, dass ich mich total in dieses Kleid verliebt hatte. Ich fragte mich, wie so etwas möglich sein konnte. Diese Frage blieb natürlich zu diesem Zeitpunkt unbeantwortet, aber ich hatte kein Problem damit, zumindest noch nicht.
Als ich die Umkleidekabine verließ, standen die beiden Damen noch immer hier vor den Kabinen und unterhielten sich vermutlich ganz leise über das eben erlebte. Oder? Na ja, es kommt ja nicht alle Tage vor, dass sich ein Mann ein Abendkleid kauft und es vorher schon anprobiert. Ich hörte sie noch sagen: „Es ist schade um diesen netten jungen Mann! Einfach kaum zu glauben, meinst du nicht auch, Evelin?" Ich grinste in mich hinein und fand diese Begegnung einfach nur witzig.
Mit einem hallo begrüßte ich die mir unbekannte Dame an der Kasse und bekam ein gleiches freundliches hallo zurück. Sie lächelte mich an, und während sie mir das Kleid einpackte, sagte sie zu mir, dass man das Kleid, wenn es nicht passen sollte, jederzeit umtauschen könne. Als ich es bezahlt hatte, antwortete ich ihr, dass das nicht nötig sein würde, da ich es bereits anprobiert habe und es passt wie für mich gemacht. Der Gesichtsausdruck von ihr sprach Bände, den werde ich nie vergessen, und so verabschiedete ich mich mit einem freundlichen Lächeln.
Auf der Rolltreppe nach unten wurde mir auf einmal ganz anders zumute. Was war los mit mir, im geheimen wusste ich es, aber war es das tatsächlich? Das gab es doch nicht nach so vielen Jahren, unmöglich! Ich verdrängte den Gedanken über die Ursache, ich dachte nur, bitte nicht jetzt.

Ich freute mich so dermaßen über diesen Kleiderkauf, dass ich beschloss, erst einmal einen Kaffee und ein Stück Sahnetorte zu mir zu nehmen, und so ging ich in das in der Nähe befindliche Café. Ich nahm einen Tisch, der nicht ganz in der prallen Sonne stand und mit einem Sonnenschirm versehen war. Ich saß kaum, und schon kam die Bedienung, ich bestellte und lehnte mich mit einem zufriedenen Lächeln in meinem Gesicht zurück.
Während ich so die auf der Terrasse sitzenden Leute betrachtete, dachte ich über die beiden Damen vor der Umkleidekabine nach, oder die Dame an der Kasse, diese Gesichter von denen, sie waren einfach köstlich. Ich fing herzhaft an zu lachen, was ich erst einstellte, als mein Kaffee und Kuchen kam. Ich bezahlte gleich, um später nicht lange darauf warten zu müssen und bedankte mich bei der Mitarbeiterin für die prompte Bedienung mit einem guten Trinkgeld.
Ich war eigentlich nicht so für Süßes, aber bei einem guten Stück Sahnetorte

zum Kaffee konnte ich nicht nein sagen. Während ich beides zu genießen begann, dachte ich über den heutigen Nachmittag im Kaufhaus nach, ich begann intensiv darüber nachzudenken, was war das denn, was ist los mit mir. Bin ich jetzt dabei überzuschnappen, oder warum habe ich mir statt des Anzuges dieses Abendkleid gekauft?

Meine Güte, je mehr ich darüber nachdachte, desto mehr Fragen taten sich auf, die ich nicht in der Lage war zu beantworten, mir wurde sogar ganz anders auf einmal. Ich glaube, ich hatte hier ein gewaltiges Problem, das sich da auf mich zu bewegte, mir wurde jetzt klar, dass es sich hier um kein alltägliches Problem handelte! Aber mein Standpunkt war schon immer, Probleme waren da, um gelöst zu werden, und so war ich trotz allem guter Dinge. Ich kehrte in mich und überlegte, ob ich das Kleid wieder zurück- geben sollte. Ohne zu zögern, kam eine Ablehnung, und so beschloss ich, es zu behalten, aber ich war fix und fertig deswegen. Oder war das alles nur ein schlechter Traum, bin ich jetzt dabei, total durchzuknallen? Fragen über Fragen taten sich da auf, so lustig war das nicht mehr, ich wurde traurig und fragte mich nur, warum passiert mir so etwas. Ich wurde sehr nachdenklich, mir standen sogar die Tränen in den Augen, Mann oh, Mann wie komm ich da jetzt wieder raus, mir war ganz Elend zumute. Ich brauchte dringend fachlichen Rat und zwar schnell, aber von wem?

Es musste jemand sein, der auch über ausreichend fachliche Kompetenz verfügte, am besten eine Frau, denn mit Männern hatte ich aufgrund diverser negativer Kindheitserlebnisse schlechte Erfahrungen. Wie sehr ich mich auch bemühte, mir fiel niemand auf die Schnelle ein, aber ich brauchte noch heute dringend ein Gespräch, sonst hätte ich wohl alles andere als ein schönes Wochenende.

Ich dachte nach, und dann fiel mir der Professor ein, den ich auf einer Vernissage vor ein paar Wochen in München kennen lernte, meiner Meinung nach müsste er ganz in meiner Nähe wohnen. Die Visitenkarte müsste ich noch bei mir in der Geldbörse haben, also mit etwas Glück habe ich sie dabei.

Nachdem ich diese tatsächlich in meiner Geldbörse fand, nahm ich sie heraus und las, und siehe da, sein Fachgebiet war Psychologie/Neurologie, so stand es zumindest auf der Karte, die er mir damals freundlicherweise gab. Wir hatten nicht einmal miteinander gesprochen, und so wusste ich nicht, was ich damit anfangen sollte. Aber ich steckte sie trotzdem ein, wer weiß, vielleicht würde ich sie ja eines Tages gebrauchen, außerdem war dieser

ältere Mann wirklich freundlich, ich hatte ein gutes Gefühl dabei, so dachte ich damals. Und jetzt brauchte ich sie tatsächlich, was für ein Zufall. Oder war es kein Zufall? Ich wollte in diesem Moment nicht weiter darüber nachdenken.
Welch ein Glück, dass ich sie doch aufgehoben hatte, ich beschloss, ihn gleich anzurufen, und so verließ ich mit meinem Abendkleid in der Tasche das Café und ging zur nächsten Telefonzelle. Diese befand sich auch in unmittelbarer Nähe des Kaufhauses, und so war ich auch nach ein paar Minuten dort angekommen, frei war diese auch noch, so dass ich gleich anrufen konnte. Ich war nervös, als ich das Kleingeld einwarf und die angegebene Nummer wählte, es ertönte ein Freizeichen, das mich schon mal beruhigte und dann hatte ich tatsächlich den Herrn Professor am Apparat.
Als ich ihm erzählte, wer ich war und woher ich seine Telefonnummer hatte, erinnerte er sich an mich. Mit wenigen Worten versuchte ich ihm das mir heute erlebte zu erzählen, ich war aufgeregt, das merkte er sofort. Und so beruhigte er mich erst mal und bat mich dann auch ganz ruhig zu bleiben, wie es zur Zeit aussähe, wäre alles halb so schlimm. Dann sah er in seinem Terminplaner nach, in zwei Stunden könne er mir für den Rest des Abends noch einen Termin einräumen.
Das wäre der einzige noch vor dem Wochenende, was er mir anbieten könne. Gut, sagte ich, es ist jetzt 17.00 Uhr, dann bin ich pünktlich um 19.00 Uhr bei ihnen. Bevor wir das Gespräch beendeten, gab er mir noch eine kurze Wegbeschreibung zu seinem Haus, bei dem sich auch die Praxis in einem Nebengebäude bei seinem Wohnhaus befand.
Die Praxis des Professors war auf dem Lande etwa zwanzig Autominuten entfernt, und sie lag ohnehin auf meinem Weg und so brauchte ich auch keinen Umweg zu fahren, was für mich vorteilhaft war. Ich hatte es geschafft, noch ein aufklärendes Gespräch führen zu können, ich war sehr froh darüber und fühlte mich deshalb schon etwas besser.
Jetzt bemerkte ich allerdings, dass mir der Schweiß von der Stirn seitlich am Gesicht runterlief, kein Wunder die Telefonzelle stand in der prallen Sonne, das waren bestimmt fünfzig Grad da drin.
Dann kam mir der scherzhafte Gedanke, dass man die Telefonzelle doch nutzen könne beispielsweise zum Abnehmen, sie ist wie eine Sauna, allerdings für richtig Schwergewichtige ungeeignet. Die kriegt man ja nicht da hinein, ich musste über diesen Gedanken lachen und stellte mir das bildlich vor, wie man versucht, jemanden mit aller Gewalt in die Telefonzelle hinein

zu quetschen. Also mein Humor war noch vorhanden, egal, was man mir in meinem bisherigen Leben angetan hatte, den Humor und den Glauben an mich selbst hatte ich nie verloren.

Dann überlegte ich, ob ich aufgrund dieses neu vereinbarten und wichtigen Termins etwas abzusagen oder etwas zu verschieben hätte, ich dachte nach und meinte nein, im Prinzip nicht, denn Renate, meine Freundin, arbeitete heute Abend. Sie würde wie immer, wenn sie als Kellnerin arbeitete, erst sehr spät nach Hause kommen. Freitag und Samstags arbeitete sie abends nebenbei als Bedienung in einem Gasthof, ansonsten arbeitet sie in Vollzeit als Verkäuferin fünf Tage die Woche. Ich wusste, dass sie auch heute wie öfter nicht vor 01.00 Uhr nachts nach Hause kommen würde. Selbst wenn es anders gewesen wäre, ich hätte alles verschoben. Um das Geschehene aufzuklären, hatte der vereinbarte Termin mit dem Professor absoluten Vorrang, sonst hätte ich mit Sicherheit nicht nur eine schlaflose Nacht vor mir, und das wollte ich mir nicht freiwillig antun.

Jetzt hatte ich noch eine Stunde Zeit, und ich hatte den Eindruck, dass diese Stunde nur ganz langsam verging, aber das ist oft so bei Dingen, die man kaum abwarten kann, die Zeit vergeht dann wie im Schneckentempo.

Was mir alles durch den Kopf ging, es war unbeschreiblich. Schwul war ich nicht, das wusste ich. Oder gehörte ich zu den Leuten, die auf Damenwäsche „abfuhren"? Fragen über Fragen taten sich auf. Oder war ich vielleicht auf einmal bisexuell? Ich wusste, dass ich während meiner Kindheit unheimliche Probleme hatte. Wenn man die Hintergründe kannte, würde man es vielleicht verstehen, war es das, hatte es mich tatsächlich eingeholt? Sollte es nach so vielen Jahren so sein, dann hatte ich jetzt ein richtiges Problem. Ich musste mich immer wieder beruhigen und sagte zu mir selbst, nun warte doch erst einmal den heutigen Termin ab.

Aber dieses knallrote Abendkleid war trotzdem der absolute Hit. Ich lächelte in mich hinein, und je länger ich darüber nachdachte, beschloss ich erst einmal auf die dazu passende Schuhe zu verzichten.

Vor einem Imbiss blieb ich stehen, denn ich hatte Hunger, das sah hier alles sehr gut aus, und so bestellte ich mir ein Wasser, eine Currywurst mit Pommes als „Nervennahrung", ich hätte jetzt sogar ein halbes Schwein auf Toast verdrücken können. Heute Abend bekam ich nicht so schnell etwas zu essen, denn ich wusste ja nicht, wie lange diese Sitzung dauern würde.

Nach dem Essen ging ich mit meiner Tasche und meinem knallroten Abendkleid in Richtung Parkhaus, zahlte an der Kasse, setzte mich in mein Auto, und fuhr los und versuchte, mich auf den Verkehr zu konzentrieren. Und ich brauchte tatsächlich knapp zwanzig Minuten bis zum Haus von dem Professor, es war ein schönes Anwesen am Hang gelegen mit einer herrlichen Aussicht über das wunderschöne Donautal. Es herrschte hier eine unsagbare Stille, außer dem Gesang von Vögeln war hier weit und breit nichts zu hören. Und das Wetter war immer noch ein Traum, Sonne ohne einer Wolke am Himmel, na wenn einem das nicht gut tut, was dann?

Ich hatte mich wieder etwas beruhigt, ich wollte einfach mal sehen, was heute dabei raus kommt. Aber tief in meinem Inneren wusste ich, um was es ging, es lag nur sehr weit zurück und ich versuchte, mein bisheriges Leben ohne diese Erinnerung zu leben. Es funktionierte nicht schlecht, es war zwar nicht so, wie ich es gerne gehabt hätte, aber dafür lebte ich so, wie ich es für richtig hielt, auch wenn es meinem Ideal als Leben nicht entsprach, weshalb ich oftmals auch sehr unglücklich war.
Für mich waren Liebe und Zuneigung sehr wichtig, sie waren Bestandteil eines jeden glücklichen Lebens, das war meine Meinung. Ich verfügte auch nicht über besonders viel Lebenserfahrung, aber eines wusste ich genau, so einfach, wie ich mir das alles einredete, war es nicht, denn ich spürte, ich werde ganz, ganz tief fallen.
Was sage ich, ich werde tiefer als tief fallen, davor hatte ich all die Jahre Angst, aber das jetzige Leben war auch keine Lösung, ich betrog mich selbst, ich lebte irgend ein Leben aber nicht das, was für mich vorgesehen war.
Da war auch dieses Gefühl, ständig auf der Suche nach etwas zu sein, aber was suchte ich eigentlich, ich denke, jetzt bei dem Gespräch beim Professor alle meine Fragen beantwortet werden. Mit etwas Glück werde ich endlich meinen inneren Frieden finden, in Wahrheit war ich sehr froh darüber, das Problem, welches ich nie in der Lage war, allein zu lösen, endlich aus dem Weg schaffen zu können. Vielleicht war es mir doch noch möglich, ein völlig normales Leben zu führen. Verdient hätte ich es auf jeden Fall.
Glücklich sein, was war das, ich habe es leider nur kurz kennen gelernt, das war die Zeit, in der ich ganz auf mich allein gestellt war. Sonst wurde ich nur von Ängsten und Sehnsüchten begleitet, das war vielleicht auch der Grund, dass ich in einer Beziehung nie richtig glücklich geworden bin.

Und wenn ich jetzt nichts unternehmen würde mit höchster Wahrscheinlichkeit auch nie werde. Eine Therapie hatte ich nie erhalten weder als Kind noch später als Erwachsener, man hat mich, wenn man so will, um mein wahres Leben betrogen, nein, nicht bewusst sondern unbewusst, weil man zur damaligen Zeit einfach nicht wusste, wie man mit mir umgehen sollte.

In ländlichen Gegenden und Kleinstädten war es ohnehin schwirig, selbst der Gesetzgeber und seine Vertreter vor Ort waren mit allem, was nicht der „Norm" entsprach, einfach überfordert. Zumal man nicht die Möglichkeit einer schnellen Verständigung hatte wie heute, medizinische und operative Neuigkeiten wurden immer nur von den jeweiligen Fachärzten abgerufen. Ein einfacher Landarzt verfügte oftmals nicht über solche Informationen, er konnte nur überweisen, der damalige Weg, sich über bestimmte Krankheiten zu informieren, war sehr langatmig und kostspielig. Und so stellt es für viele Eltern ein Problem dar, sich über „Fehlverhalten" bei Kindern zu informieren, man konnte nur Vermutungen anstellen, und so führte dies oft zu Missverständnissen. Die meisten Eltern waren einfach damit überfordert.
Die Kinder, die anders waren, versuchte man entweder ihrer „Neigung" entsprechend zu erziehen, dazu gehörte aber sehr viel Verständnis. Die wenigsten Eltern konnten das aufbringen, zumal der Tagesablauf der Familie es aus Mangel an Zeit nicht zuließ. Wegen eines Kindes den gewohnten Tagesrhythmus zu verändern, dafür erschien es doch nicht so wichtig zu sein.
Zeit hilft zu vergessen, war es denn wirklich so, wie man es damals annahm? Nein, man weiß heute, dass Dinge, die man versucht zu verdrängen, immer wieder kommen.
Oder den anderen Weg, der meist als „Umerziehung" bezeichnet wurde, ein Elternteil versuchte seiner Meinung nach durch Bestrafung und Gewalt das Problem, welches eigentlich keines war, zu lösen. Dieser Weg endete oftmals für die betroffenen in einem Heim, bei Pflegeeltern oder im ungünstigstem Fall mussten sie bis zur Volljährigkeit diese Martyrium ertragen. Psychische Schäden waren oftmals die Folge, aber wen sollte man dafür verantwortlich machen, den Gesetzgeber wegen mangelnder Aufsicht, die Elten als Ausführende oder die Leute und Nachbarn, die wegsahen, wenn sie Schreie der Gewalt hörten?

Kapitel III

Der Professor

Gesuchte Hilfe ist oft verstandene Hilfe

Ich klingelte wie vereinbart an der Tür des Wohnhauses, das Abendkleid hatte ich in der Tasche dabei. Es öffnete mir eine Dame so um die Ende vierzig die Tür, sie war sehr nett, sie begrüßte mich herzlich und bat mich herein. Ich meinte, sie schon einmal gesehen zu haben, und während ich sie ebenfalls so herzlich begrüßte, fiel es mir ein. Sie war auf der Vernissage, es war ja verständlich, dass der Professor seine Frau zu so einer Feierlichkeit mitnimmt, dachte ich so bei mir.

Sie brachte mich in das Arbeitszimmer ihres Mannes, ich folgte ihr quer durchs ganze Haus, dabei stellte ich fest, dass das Haus sehr stilvoll eingerichtet war. Und als gelernter Tischler erkannte ich, was die Qualität der Möbel betraf, nur erste Wahl. „Sie haben einen tollen Geschmack", sagte ich zu ihr, sie lächelte und antwortete mit einem „vielen Dank".

Ganz am Ende eines langen Korridors öffnete sie eine Tür, hier saß ihr Mann inmitten einer großen Anzahl von Büchern, die alle in Regalen untergebracht waren. Alles, auch der Schreibtisch im englischen Stil, natürlich in Mahagoni, war einfach toll.

Wir begrüßten uns sehr herzlich, denn wir strahlten wohl beide gleiche Sympathien aus, und während ich mich bei seiner Frau bedankte, verabschiedete sie sich und wir waren für uns allein.

Wir nahmen in diesen riesigen gepolsterten Sesseln Platz, und während er uns Mineralwasser einschenkte, meinte er: „Das ging ja schnell, ich habe mit Ihrem Anruf eigentlich zu einem viel späteren Zeitpunkt gerechnet, so in eins, zwei vielleicht auch in drei Jahren. Dass Sie eines Tages kommen würden, war mir klar, aber dass es so schnell gehen würde, na ja.

Aber zunächst möchte ich Ihnen etwas sagen, zu diesem Tag in München, dem Tag der Vernissage, ich hätte Sie noch gerne gesprochen, aber Sie waren nicht mehr aufzufinden, Sie waren wie vom Erdboden verschwunden.

Ich wollte Ihnen noch ein paar Worte sagen, denn es ist nicht meine Art, fremden Personen einfach meine Karte zu geben.

Ohne dass Sie es bemerkten, habe ich Sie beobachtet. Ihre ganze Art, die Frau an Ihrer Seite, etwas passte nicht, ich spürte es förmlich. Sie strahlten etwas aus, von dem ich überzeugt war, dass Sie irgendwann einen fachlichen Rat benötigen würden, ich spüre das, wenn jemand mit sich uneins ist. Das bringt der Beruf so mit sich, und bei Ihnen war ich mir nun völlig sicher, meine Frau, sie hat Ihnen die Tür geöffnet, ist auf dem gleichen Gebiet tätig, sie ist Kinderpsychologin.

Die Psychologie des Menschen ist nicht nur unser Beruf, es ist unsere Berufung, Ursachen, die das Leben der Menschen beeinflussen und von heute auf morgen völlig verändert, Verhaltensforschung so zusagen.

Oft habe ich recht mit dem, was ich hinter einer „Fassade" vermute, und wenn ich mal so sagen darf bei Ihnen ist einiges, was zurechtgerückt werden muss, und je länger Sie warten, desto schwieriger wird es. Sie werden ganz tief fallen, und Sie werden viel Kraft benötigen. Aber viel wichtiger ist es, dass Sie es auch durchhalten und restlos aufarbeiten Ihr Mitbringsel aus der Vergangenheit. Es ist schwieriger zu verarbeiten als Erlebnisse, die erst vor kurzem passiert sind. Wichtig ist, dass wir offen und ehrlich miteinander umgehen, und ich bitte doch sehr darum!"
Im erste Moment war ich sprachlos, ich sah ihn nur an und wusste nicht, was ich sagen sollte. Mir standen die Tränen in den Augen, und ich schluckte immer und immer wieder. „Meine Güte", sagte ich, „nun habe ich in meinem kurzen Leben schon viel mitmachen müssen, nimmt das denn gar kein Ende, werde ich denn nie meine Ruhe finden, ich habe nie jemanden etwas Böses angetan. Ich will doch auch nur ein ganz normales Leben führen, und immer bin ich es, der einstecken muss, das kann doch nicht so weiter gehen. Was glauben Sie, wie oft ich mit dem Gedanken gespielt habe, mir einfach das Leben zu nehmen, um so endlich meinen inneren Frieden zu finden, und selbst als ich wirklich einmal versuchte, war jemand da und hat es verhindert."
Der Professor gab mir ein Taschentuch, denn mittlerweile heute ich wie ein „Schlosshund", meine Hände zitterten und mir liefen die Tränen wie aus einem Wasserfall runter, meine sonst so guten Nerven hatten mich verlassen, ich war in diesem Augenblick restlos fertig. Während ich da wie ein Häufchen Elend in dem Sessel saß, holte der Professor mir eine Beruhigungstablette, ich nahm diese dankend an und nahm sie auch gleich zu mir. Es dauerte eine ganze Zeit, bis ich mich wieder gefangen hatte, er saß mir gegenüber und hatte sich ein paar Bücher zurechtgelegt, er wusste ja aufgrund meines Telefongespräches, um was es ungefähr ging. Nein, nicht ungefähr sondern er wusste es ganz genau, schon als er mich das erste Mal sah, auf dieser besagten Vernissage.

„So", sagte er jetzt, „legen Sie sich auf diese wunderschöne rote Liege, und erzählen Sie mir mal das heute Geschehene aus Ihrer Sicht, was Sie dabei dachten und fühlten."

Und so begann ich zu erzählen, wie er es wünschte, ab und zu stellte er zwischendurch Fragen, ansonsten konnte ich es so erzählen, wie es tatsächlich gewesen war.

Über eine Stunde dauerte diese „Sitzung", und ich war ganz schön nachdenklich, als ich damit durch war, aber mir ging es danach erheblich besser. Er hatte sich ein paar Notizen gemacht und beendete das Ganze mit der Bemerkung: „Das nächste Mal knüpfen wir hier wieder an."

„Und jetzt möchte ich Sie bitten, mir zu erzählen, wie weit Sie sich zurückerinnern können, und an was Sie sich erinnern. Überlegen Sie, und lassen Sie sich Zeit dabei, denn die haben wir jetzt ausreichend!"

Ich schloss meine Augen und dachte scharf nach, jetzt hab ich es und so fing ich an zu erzählen:

„Es war im Krankenhaus, ich konnte noch nicht einmal laufen, aber krabbeln und stehen, ich lag mit mehreren Kindern in einem Zimmer, ich glaube, wir waren zu viert. Die damaligen Kinderbetten hatten runde Stäbe, und einen konnte man herausnehmen, indem man ihn in dem gebohrten Loch hochschob, um ihn anschließend seitlich nach unten herauszuziehen. Ich krabbelte aus meinem Bett zu den anderen Betten, welche nur anhand von Flügelschrauben zusammenhielten. Genau diese Schrauben und deren Funktion hatten es mir angetan, und nach einiger Zeit hatte ich den Bogen raus, so dass ich regelmäßig die Kinderbettchen der anderen Kinder auseinander baute. Die Folge war ein lautes Geschrei von drei Kleinkindern, was mich aber nicht sonderlich störte. Denn das, was ich erreichen wollte, waren lediglich die Flügelschrauben zum Spielen. Mit dieser Beute krabbelte ich dann wieder in mein Bett zurück.

Wenn ich damals schon über etwas Werkzeug verfügt hätte, wäre es ganz anders ausgegangen, vermute ich mal, aber so war es natürlich nur eine Frage der Zeit, bis sie bemerkten, dass ich es war, man beobachtete mich, und schon war dann alles aufgeflogen. Die Nonnen, die hier als Schwestern arbeiteten, waren natürlich nicht gerade begeistert. Ich konnte sie auch nicht von meinen so jungen handwerklichen Fähigkeiten überzeugen. Meine so kurze handwerkliche Karriere wurde umgehend dann auch beendet.

Die täglichen Ausflüge stoppte man, indem man mich einfach ans Bett fesselte. Für mich war dies zwar eine nicht gerade ideale Lösung, aber anders war mir nicht bei zu kommen.

Mit einer Vorrichtung aus Leder wurde ich festgebunden, modisch nicht gerade chic, aber effektiv. Ausgerechnet Schweineleder, aber ich glaube kaum, dass man mir damals etwas anderes zur Verfügung gestellt hätte. Immerhin konnte ich im Bett sogar damit stehen, ärgerlich war es nur, dass man den Verschluss dieser Zwangsmaßnahme nach hinten auf den Rücken verlegt hatte. Als diese noch auf der Vorderseite waren, war ich schneller mit dem Ausziehen, als die Schwestern mit dem Anziehen, aber nun musste ich mich dieser Willkür fügen. Ich hatte ja noch meine Aussicht zur Turmspitze der Burg, die sich ganz in der Nähe des Kinderkrankenhauses befand.

Als mein Vater mich das erste Mal so sah, beschwerte er sich bei den Schwestern in meinem Beisein, er war sehr lautstark, ich fing deshalb an zu weinen. Im Prinzip war er mir damals schon unsympathisch, wenn ich damals gewusst hätte, wer er war, und was mich erwarten würde, hätte ich wahrscheinlich alles unternommen, um vertauscht zu werden.
Der Grund dieses Krankenhausaufenthaltes war das Entfernen meiner Vorhaut, ich wurde nicht gefragt, also war es für mich Diebstahl. So sehe ich es heute, aber ich hätte es nicht anders gemacht, was weg ist, ist weg. Es ist ja auch nichts weltbewegendes.
Man hätte meinen können, ich sollte das Krankenhaus erst zur Einschulung wieder verlassen, oder gar nicht zumindest nicht lebendig. Als wenn es ein Eignungstest fürs bevorstehende Leben wäre, in wenigen Monaten hatte ich alle Kinderkrankheiten dieses Planeten erfolgreich in die Flucht geschlagen. Jeder Einzelkämpfer wäre neidisch geworden, und weil ich so gut war, gab es kurz bevor ich endlich entlassen werden sollte eine „Kelle" Gelbsucht obendrauf. Heute hätte ich einen zweiten Wohnsitz angemeldet, damals hat man einfach meinen bereits gepackten Koffer wieder ausgepackt.
Fast wäre mir diese heimtückische Krankheit zum Verhängnis geworden, asiatisch gelb wie ich nun mal krankheitsbedingt aussah, wurde ich von allen anderen Kindern fern gehalten. Heute wäre dies zu vergleichen mit Einzelhaft. Kein Fernsehen, keinen Fußball, keinen Kinoabend oder ähnliches, es war total langweilig.
Tja, so kann Langeweile aufkommen, ich denke, dass ich aus diesem Grund die Bettchen der anderen Kinder zerlegt habe. Auch wenn ich damals schon handwerklich geschickt war, und nicht gerade eine gesundheitliche Glückssträhne hatte, so habe ich mich doch gut geschlagen.
Mein kleiner Kinderkörper hat sich gegen all diese Krankheiten mit Erfolg gewehrt, es war zweifellos nicht gerade meine Glanzzeit, und ich empfand es in dem Alter als schlimm, aber es kam noch viel schlimmer.

Seelische und körperliche Schmerzen sollten in Zukunft meine ständigen Begleiter werden.
Weil beide Elternteile arbeiteten, kam ich erstmals zu meinen Großeltern, zumindest war ich hier tagsüber untergebracht, was ich damals als sehr gut empfand. Und das schärfste war, dass ich endlich laufen konnte.
Bei meinen Großeltern war es richtig Klasse, die meiste Zeit spielte ich auf dem Grundstück im Freien, wenn es das Wetter erlaubte. Hier war wenigstens etwas los, hier gab es Hühner, Enten Schweine, Ziegen, Katzen, Kaninchen und einen Hund.
Die Katzen mochte ich nicht, denn die fusselte immer so, aber der Rest der Grundstücksbewohner waren meine Wellenlänge, sie hatten alle nur einen Nachteil: sie waren schneller als ich. Eine innige Freundschaft konnte unter diesen Umständen nicht so ohne weiteres entstehen, zumal mir damals wohl noch das nötige Feingefühl fehlte.
Anfangs war ich immer damit beschäftigt, die Eier aus dem Hühnerstall zu holen, ich wartete nur auf ein Gackern der Hühner, und schon stürzte ich in den Hühnerstall. Anfangs hatten die Hühner immer das große „P" in den Augen, nach einiger Zeit hatten auch sie sich am meine Anwesenheit gewöhnt. Selbst der Hahn, ein Macho seiner Art, machte nach einer kurzen handfesten Auseinandersetzung mit mir einen großen Bogen um mich.
Meine Großeltern, die ich sehr liebte, lebten eher praktisch als luxuriös, hier verbrachte ich die ersten zwei Jahre. Ich war der Lieblingsenkel meiner Oma, aber ich wurde nicht verzogen.
Opa brachte mir alles über die auf dem Hof befindlichen Tiere bei, ich lernte schnell. Aufgrund meiner handwerklichen Fähigkeiten durfte man mir kein Werkzeug geben, es haperte am Design, so konnte es durchaus sein, dass von mir bearbeitete Möbelstücke nur noch als Werkzeugschrank zu gebrauchen waren. Als Entschuldigung kann ich nur hervorbringen, dass man in dem Alter hat noch nicht perfekt ist.
Man brachte mir damals schon bei, mich nützlich zu machen, ordentlich und stets höflich zu sein.
Als eines Tages mein Opa starb, war es vorbei mit lustig. Jetzt kam ich zu meinen Eltern, die in einem Nachbarort lebten, auch wenn ich zum Schluss nur hin und wieder bei meiner Oma war, so fehlte sie mir doch sehr.
Hier war ich in einer völlig anderen Umgebung, ich bekam neue Spielgefährten, die sechziger Jahre hatten begonnen und die ersten kleineren Städte erhielten Kanalisation.

Statt zu Oma kam ich in den Kindergarten, hier gefiel es mir gar nicht gut, ich kam jeden Tag mit etwas anderem nach Hause, bis man mir so eine Blechschaufel auf den Kopf schlug. Von dem Tag an konnte man mich nicht mehr davon überzeugen, dass Kindergarten gut sei, ich ging auch nicht mehr hin. Stattdessen freundete ich mich mit Nachbarskinder an, das war wesentlich besser, denn wir heckten gemeinsam jeden Tag neue Streiche aus.

Meine Eltern stritten sehr oft miteinander, mein Vater trug das wenige Geld, was er verdiente, größtenteils auch noch in die Kneipen, meine Mutter versuchte es oft genug, ihn davon abzubringen. Schließlich war es Geld, was diese junge Familie, also uns, dann sehr fehlte.

Eines nachts wurde ich durch einen heftigen Streit meiner Eltern wach, obwohl ich erst drei Jahre alt war, hatte ich das Gefühl, dass es um mich ging. Ich stand im Bett und weinte, weil es so laut war, dann mein Vater mich an aufzuhören. Meine Mutter verhinderte schon damals schlimmeres, indem sie ihn aus dem Kinderzimmer verbannte. Sie versuchte, mich zu beruhigen, was ihr auch gelang. Was dann folgte, war sehr schlimm für mich.

Mein Vater sagte etwas, und meinte mich damit, ich glaube es kaum, dass er wusste, dass ich es verstand, um was es hier eigentlich ging. Ich sei nichts, kein Junge und auch kein Mädchen, ich sei für ihn gar nichts.

Ich habe es nicht gleich verstanden, aber ich wusste, was er meinte, vor allem die ablehnende Art, wie er mich dabei ansah, sagte alles aus. Der Ausdruck der Enttäuschung wäre dem wohl näher gewesen, statt Begeisterung.

Solche Bemerkungen machte er öfter, es machte mich immer sehr traurig, denn meinen ein Jahr jüngeren Bruder behandelte er ganz anders. Mein Vater mochte mich nicht, denn meinetwegen musste er heiraten und sein Leben als Junggeselle aufgeben, das hat er bei jeder Diskussion mit meiner Mutter immer wieder neu aufgetischt. Dazu kam noch, dass ich nicht die gewünschte Tochter war, wie er mir immer öfter ins Gesicht sagte.

Das Geld, das mein Vater in Kneipen ausgab, fehlte natürlich überall, und damit meine Mutter tagsüber arbeiten gehen konnte, waren mein Bruder und ich in einem Kindergarten untergebracht. Diese für mich unverständlichen Äußerungen meines Vaters beschäftigten mich, weil ich nicht wusste, wie ich mich verhalten sollte. Vor allem, was er genau meinte. Es begann, mich zu interessieren, was war so anders, was machte nun den Unterschied zwischen Jungen und Mädchen aus?

Ich traf mich mit einem Mädchen aus dem Kindergarten, das ich sehr gern mochte, wir spielten auch oft außerhalb des Kindergartens. Mit ihr traf ich mich an diesem Tag auf einer Wiese, das Gras war entsprechend hoch, so dass man uns von der Straße nicht sehen konnte. Ich erzählte ihr von zuhause, ich wollte den Unterschied zwischen Jungen und Mädchen sehen und so entkleideten wir uns gegenseitig, um zu erfahren, was so anders zwischen uns ist.

Völlig unbefangen stellten wir beide fest und waren auch beide dieser Meinung, dass der Unterschied zwischen Jungen und Mädchen gar nicht so groß sei. Wir waren damals etwas mehr als drei Jahre alt, wir waren Freunde und erzählten uns von da an alles, was uns so bedrückte, und was wir so erlebten. Wir tauschten auch des öfteren unsere Kleidung, denn für uns war das völlig normal. Und wir spielten immer viel miteinander, weil wir völlig unbedarft waren, sie hatte keinen Bruder und ich keine Schwester, diese kindliche Neugierde war etwas ganz Normales.

Eines nachmittags, es war Sonntag, mein Vater brauchte nicht zu arbeiten, und meine Oma war seit langem mal wieder zu Besuch bei uns. Ich traf mich wieder mit Elke, dem Mädchen, mit dem ich den Unterschied zwischen Mädchen und Jungen festgestellt hatte. Damals wie auch jetzt hatten wir wieder die Kleidung getauscht, und so brachte ich sie mit zu Kaffee und Kuchen nach Hause.

Mein Vater war völlig außer sich, als er mich in diesen Mädchenkleidern sah, und ich verstand es nicht, ich hatte doch nichts Böses getan, über diese Reaktion meines Vaters war ich sehr enttäuscht, denn er wollte doch eine Tochter!

Der darauf folgende Ehekrach meiner Eltern dauerte lange an, die Einzigen die Verständnis für mich hatten, waren meine Mutter und meine Oma. Mein Vater behauptete, ich sei von Oma zu verwöhnt worden und ich wäre deshalb so weich wie ein Mädchen. Aber er wollte das in die Hand nehmen, er wollte einen ordentlichen Sohn aus mir machen, mich entsprechend hart erziehen.

Das hatte nichts gutes zu bedeuten, das merkte ich, ich spürte das einfach, dass ich ich anders war als andere, das wusste ich auch. Ich fühlte mich wohl in Mädchenkleidung, die ich von da an nur noch heimlich bei meiner kleinen Freundin trug. Irgendwann durfte ich auch Elke nicht mehr sehen, das war für mich ganz schlimm, denn ich hatte niemanden mehr, mit dem ich über meine Sehnsüchte und Träume sprechen konnte.

Für mich war es einfach unbegreiflich, was man mit mir machte, wieso ausgerechnet ich, diese Frage habe ich mir später immer wieder gestellt. Ich glaube, wenn ich damals gewusst hätte, was da auf mich zukommt, ich wäre sicherlich fortgelaufen, weit weit weg!
Für mich begann ein Martyrium, welches vierzehn Jahre dauern sollte, und immer wieder machte man mir klar, dass ich gefälligst ein Junge zu sein hatte. So manches Mal bat ich den lieben Gott, mich zu erlösen, und mich zu sich zu nehmen, jedes Mal, wenn eine Möglichkeit da war, nahm er mich nicht. Entweder ließ er mich wieder genesen, oder er bewahrte mich vor schlimmen Unfällen. Man holte mich sogar noch zweimal zurück in ein Leben, welches ich so nicht wollte, vierzehn Mal bin ich dem Tod davongekommen, für mich bis heute unerklärlich.
Mein Vater war kein guter Familienvater, ständig betrank er sich und es kam immer öfter zu Streitereien in unserer Familie. Als meine kleine Schwester geboren wurde, hoffte ich, es würde sich etwas verändern und mein Vater würde mich endlich mal akzeptieren, aber diese Hoffnung war vergebens.

Irgendwann gab ich es auf, ihn zu verstehen und versuchte, ihn möglichst aus dem Weg zu gehen, denn inzwischen hatte ich sehr viel Angst vor ihm. Jedes Mal, wenn er losbrüllte, fing ich an zu weinen, selbst wenn es nicht um mich ging und der Streit nicht mir galt.
Durch sein Verhalten bekam mein Vater zunehmend Probleme mit den Brüdern meiner Mutter, so manches Mal wiesen sie ihn zurecht. Das ging soweit, dass mein Vater eines Tages von meinem Onkel Prügel bekam. Mein Vater entzog sich dieser Aufsicht meines Onkels, indem die ganze Familie von Süd- nach Norddeutschland verzog, denn hier hatten wir nicht nur unser eigenes Haus, hier wohnte auch die Familie meines Vaters.
Im Gegensatz zu meinem Vater waren diese Verwandten sehr nett und dem Alkohol nicht zugetan.
Inzwischen waren wir vier Kinder mit drei Jungs und einem Mädchen, und wir Jungs mussten viel zu Hause helfen. Wir waren sozusagen Selbstversorger und von dem, was meine Mutter und wir Kinder in Heimarbeit verdienten, lebten wir. Das Geld, was mein Vater verdiente, wurde vor allem für das Haus und den damit verbundenen Kosten verwendet, den Rest trug er in die Kneipen.
Mein Vater hatte sich also nicht verändert, und da sich niemand getraute, sich ihm in den Weg zu stellen, hatte er „freie Fahrt", und es wurde von Tag

zu Tag schlimmer mit ihm. Er wurde immer aggressiver, seine Gewalt ließ er zunächst an den Möbeln aus, dann gab es für ihn keine Grenzen mehr, denn zu nörgeln hatte er ständig etwas.
Es interessierte ihn auch nicht, ob wir Kinder dabei waren oder nicht, er randalierte rücksichtslos und oftmals nahm er den Teller mit seinem Essen und warf diesen an die Wand. Meine Mutter stand ihm hilflos gegenüber, und so flüchteten wir entweder zu Nachbarn oder je nach Jahreszeit in ein nahe liegendes Kornfeld. Er suchte auch immer öfter einen Grund, mich zu schlagen, weil egal, was ihm nicht passte, er machte mich dafür verantwortlich.

Meine Oma, die ich ein paar Jahre nicht gesehen hatte, war diesen Sommer für zwei Wochen zu Besuch. Ich war sehr froh darüber, denn sie wies meinen Vater oft zurecht. An diesem Tag war sie mit meiner Mutter in eine nahegelegene Stadt zum Einkaufen gefahren, inzwischen waren wir fünf Kinder, zwei meiner Geschwister hatte sie dabei, während ich auf die beiden Jüngsten aufzupassen hatte.
Ich sah, wie mein Vater betrunken mit dem Fahrrad im Zickzack fuhr, er brauchte die ganze Straße, er kam von der Arbeit nach Hause. Das bedeutete nichts gutes, das wusste ich, und so brachte ich meine Geschwister schnell zu den Nachbarn. Bis zu den Nachbarn hörte man ihn meinen Namen brüllen, ich fasste mit meinen neun Jahren meinen ganzen Mut zusammen und ging nach Hause.
Ich stand vor der Eingangstür des Hauses, die Scheibe war eingeschlagen und die Tür war eingetreten! Als ich das sah, fing ich an zu zittern, aber ich ging weiter in das Haus in die Küche, die total zertrümmert war. Dann dachte ich nur eines, nichts wie weg hier, ich drehte mich um und wollte aus dem Haus gehen, da stand mein Vater vor mir, langsam sah ich zu ihm auf. Sein Gesicht war böse und voller Zorn.
Ich wollte noch zu ihm sagen „bitte nicht"! Aber es war zu spät, ohne ein Wort zu verlieren, schlug er mit voller Wucht auf mich ein, dieses Knacken in meinem Kopf werde ich nie vergessen. Ich wurde fast ohnmächtig, ich hörte nichts mehr, mein linkes Ohr wurde ganz heiß, und es schmerzte sehr. Ich flehte ihn an aufzuhören, doch obwohl ich bereits auf dem Boden lag, trat er mit seinen großen Füßen auf mich ein.
Als er plötzlich damit aufhörte, ging er raus, ich versuchte, mich zu verstecken, aber es gelang mir nicht, er kam mit einem Teppichklopfer wieder. Ich krabbelte ängstlich unter die Eckbank in der Küche, er hatte mich gesehen

versuchte, mich unter der Bank herauszuziehen, dabei zerriss er mir mein Hemd, je mehr ich mich wehrte, desto schlimmer wurde er. Dann erwischte er meinen linken Fuß, ich wusste, jetzt hatte ich verloren und so war es dann auch. Er zog mich hinter sich her wie ein Stück Vieh auf dem Weh zum Schlachthof, durch kaputtes Geschirr und zertrümmerte Möbel hindurch. Ich rief um Hilfe, aber es kam niemand, meine Schreie und den Lärm muss man in der ganzen Straße gehört haben, ich wurde immer ruhiger und merkte, wie ich langsam das Bewusstsein verlor. Obwohl er weiter auf mich einschlug, spürte ich keinen Schmerz mehr, ich war nur froh, dass es endlich vorbei war. Ich denke, dass ich meine Ohnmacht mein Leben zu verdanken hatte, er hätte mich sonst an diesem Tag erschlagen.
Wer weiß, vielleicht wäre es damals besser gewesen, auf jeden Fall dachte ich so bereits mit neun Jahren.
Inmitten der Möbeltrümmer wurde ich wach, mir tat alles weh, es war überall Blut, ich hatte keine Schuhe mehr an, mein Hemd und meine Hose waren total zerrissen. Ich wollte nur noch eines, raus hier aus dieser Küche, die fürchterlich aussah, wie ein Schlachtfeld, meine Güte, und es war überall Blut. Trotz der furchtbaren Schmerzen, die ich hatte, gelang es mir aufzustehen, und ohne von meinem Vater bemerkt zu werden, wollte ich das Haus verlassen. Ganz schnell weg, bevor er zurückkam, und da weiter machte, wo er aufgehört hatte.
Das benachbarte Kornfeld war mein Ziel, hier würde mich mein Vater bestimmt nicht suchen. Da meine Füße sehr schmerzten, wollte ich sie schützen und suchte meine Schuhe, aber ich fand sie nicht. Und so verließ ich ohne herauszufinden, wo meine Schuhe sich befanden, und mein Vater sich aufhielt so schnell es ging barfuß das Haus.

Wenn ich mal nicht zu Hause arbeiten musste, spielte ich in meinem kleinen Versteck am Rand des Kornfeldes direkt an einem Fluss gelegen. Hier angelte ich auch gelegentlich, nur ganz wenige wussten davon besser gesagt zwei, meine Mutter und später meine kleine Freundin Gabi. Für mich war es ein Ort der Ruhe und des Friedens, meine kleine Oase, um die Wunden meiner kleinen Seele zu heilen. Ich fing wieder an zu zittern, mir liefen die Tränen durch mein kleines Blut verschmiertes und teilweise blau angeschwollenes Gesicht. Trotz meiner Verletzungen und Angst vor meinem Vater war ich wütend auf ihn, dass er mir so etwas zugefügt hatte.
Ich weinte bitterlich, und wie so oft stellte ich mir wieder die Frage, warum

ausgerechnet ich. Wenn so mein zukünftiges Leben aussehen sollte, dann möchte ich doch freiwillig darauf verzichten, solche Gedanken gingen mir durch den Kopf.

Mein Vater hatte wohl bemerkt, dass ich weg war, und so rief er voller Zorn nach mir. Aber er wusste Gott sei Dank nicht, wo ich war, ich hielt mir die Ohren zu, um ihn nicht hören zu müssen, nein, dahin wollte ich bestimmt nicht wieder zurückgehen. Hier war ich in Sicherheit, hier würde er mich auch nicht vermuten, und so war es auch. Ich muss dann irgendwann ängstlich und erschöpft eingeschlafen sein.

Es war später Nachmittag, ich hörte die Stimme meiner Mutter, die mich anscheinend rief, dadurch wurde ich wach und antwortete, erst leise dann immer lauter, ich dachte erst, ich hätte geträumt. Ich stand auf und sah sie. Dadurch, dass ich stand, konnte man mich auch besser sehen. Meine Tante und meine Mutter kamen auf mich zu und sahen mich an, mehr wie ein „oh Gott" und Tränen brachten sie nicht raus, sie umarmten mich und brachten mich nach Hause.

Die beiden Polizisten, die unser Haus betraten, wurden vom Nachbarn gerufen, weil mein Vater ihn auf der Suche nach mir bedrohte, sie sahen die Küche und mich, dann fragten sie nur noch: „Wo ist er?" Wir nehmen ihn am besten gleich mit. Und der Junge muss dringend zum Arzt, wir rufen ihn vom Streifenwagen gleich an, damit er sich das hier ansieht."

Man fand meinen Vater irgendwo auf dem Grundstück, er war in seinem Suff eingeschlafen, sein Prügelwerkzeug lag neben ihm, das stellte man gleich sicher. Meinen Vater weckte man, und man führte ihn glücklicherweise gleich ab, und ich bekam ihn an diesem Tag nicht mehr zu Gesicht.

Ein weiterer Polizist, den man noch hinzugerufen hatte, erzählte es später dem Arzt, der gerade im Begriff war, mich zu untersuchen. Meine Mutter zog mich vor dem Polizisten und dem Arzt aus, man sah mich total entsetzt an, ich schämte mich für das, was man mir angetan hatte und weinte.

Mein kleiner Körper war von blauen Flecken und Blutergüssen übersät, bis auf die Nase und das Trommelfell war wie durch ein Wunder alles heil geblieben. Der Polizist zog es vor, raus zu gehen, er war von diesem Anblick geschockt, denn so etwas hatte er noch nicht gesehen, nicht bei einem neun Jahre alten Kind. Der anwesende Hausarzt sah meine Mutter an und sagte nur zu ihr, ihr Mann gehört dafür eingesperrt, das tut man keinem Kind an.

Der Polizist fotografierte die zerstörten Möbel, die zerstörte Tür und die Gegenstände, mit denen mein Vater mich schlug, letztere nahm er auch mit.
Der Arzt machte eine Menge Fotos hauptsächlich von mir. Dann sollte ich baden, und danach wollte er mich nochmals fotografieren und die offenen Wunden versorgen. In der Zwischenzeit wollte er aus seiner Praxis noch ein paar Arzneimittel holen. Ich kannte ihn, denn er war unser Hausarzt und seine Praxis befand sich im Dorf, er war so um sie Fünfzig, hatte weißes Haar und war immer im Stress! Aber immer war er nett, ich konnte zumindest nichts gegenteiliges sagen, im Gegenteil, er hatte immer ein wachsames Auge auf mich gehabt, er kannte meinen Vater schon länger. Er wusste, dass mein Vater mich nicht sonderlich mochte.

Meine Mutter hatte mich gebadet und vom Blut gereinigt, sie ging zwar vorsichtig mit mir um, aber es schmerzte trotzdem. Meine Oma und meine Tante versorgten inzwischen meine Geschwister, und mein Onkel versorgte unsere Haustiere.. Der Arzt behandelte mich jetzt mit Pflaster, Salben und Binden, der Polizist fotografierte, dabei unterhielten sie sich über meinen Vater, wenn meine Mutter mal nicht anwesend war, denn man wollte dringend etwas unternehmen.
De Arzt kannte meinen Vater, wenn es um mich ging, war er immer mahnend vorgegangen, aber ich glaube dieses Mal hatte mein Vater den Bogen überspannt. Der Polizist den ich nicht kannte, und der aber auch sehr nett war, sagte nur zu dem Arzt, entweder das Kind kommt woanders hin oder der Vater muss gehen, denn so geht es das nicht weiter, und der Arzt stimmte mit dem Kopf nickend zu. Alles weitere bekam ich nicht mehr mit, man brachte mich zu Bett, denn ich war sehr müde.
Alles weitere wurde mit meiner Mutter und Oma besprochen, man entzog mich bewusst diesem Gespräch.
Am nächsten Tag blieb ich im Bett, ich konnte mich kaum bewegen, von der Schule war ich bis auf weiteres befreit worden, dafür hatte der Arzt gesorgt, und so kümmerte sich meine Oma um mich und verwöhnte mich mit Süßigkeiten und netten Worten. Sie machte sich genau wie auch meine Mutter Vorwürfe, weil sie am gestrigen Tag nicht da waren.
Meine Oma hätte mich sehr gerne mitgenommen, sie wollte mich großziehen, ich wäre auch sofort mitgegangen, aber meine Eltern, insbesondere mein Vater, lehnten dies später ab. Und so fuhr meine liebe Oma ohne mich zurück zu sich in den Süden, ich habe noch lange darüber nachgedacht, wie

es wohl gewesen wäre, wenn sie mich erzogen hätte. Bestimmt viel schöner, es wäre mir mit Sicherheit sehr viel Unheil erspart geblieben.

Nach gut vierzehn Tagen konnte ich wieder raus gehen, ich durfte wieder im Freien spielen, mein Gesicht war wieder in Ordnung. Etwas später durfte ich dann auch wieder zur Schule, nur am Turnen durfte ich noch nicht wieder teilnehmen. Das war mir auch gleich, denn ich interessierte mich nicht sonderlich für Sport.

Mein Vater war nach ein Paar Tagen auch wieder da, am Tisch bekam ich einen neuen Sitzplatz und zwar weit weg von ihm am anderen Kopfende des Tisches.

Seit dieser Misshandlung konnte ich meinen Vater nicht mehr ansehen, zu groß war die Angst, er würde mir wieder etwas antun. Sobald ich bemerkte, er würde mich beobachten, fing ich an zu zittern. Es dauerte eine Weile, bis ich mich wieder an seine Blicke gewöhnte, die Arbeiten, die er mir zu Hause auftrug, versuchte ich so gut wie möglich zu verrichten, damit er keinen Grund hatte, mich wieder derart zu misshandeln. Er hatte die Illusion einer heilen Welt in mir komplett zerstört, und in der Schule sonderte ich mich ab. Der Lehrer war natürlich zur damaligen Zeit mit einer derartigen Situation überfordert. Außerdem war es zu dieser Zeit noch üblich, dass man eine Ohrfeige oder etwas mit dem Stock bekam, wenn man gegen die Regeln der Schulordnung verstieß.

Meine Klassenkameraden mieden mich, denn mein Vater war als Gewalttäter im Dorf bekannt, und so baute ich mir meine kleine eigene heile Welt auf, in der ich lebte.

Es kam immer öfter vor, dass ich anstatt zur Schule zu gehen, über den Deich zum Meer ging, denn hier gab viel zu sehen und zu erleben. Hier war ich für mich allein, niemand tat mir etwas Böses, es war meine kleine heile Welt.

Dabei dachte ich oft an meine Oma, ich wäre gern mit ihr gefahren, bei ihr hätte ich es sicherlich besser gehabt, ich erinnerte mich noch an ihre Abreise, und obwohl es erst ein paar Wochen her war, kam es mir wie eine Ewigkeit vor.

Sie weinte sehr, als sie sich von mir verabschiedete, dann flüsterte sie mir ins Ohr: „Denke daran, was ich dir gesagt habe, mein Kind." Das waren ihre letzten Worte, bevor sie fuhr, an diesem Tag war ich sehr traurig.

Mein Vater hielt es nicht für nötig, sich zu verabschieden, meine Eltern hatten es abgelehnt, dass ich mit Oma fuhr. Da steckte mit Sicherheit mein

Vater dahinter, seine Worte von damals, er würde mich entsprechend erziehen, hatte ich nicht vergessen.
Nicht nur meine mangelnden schulischen Leistungen, sondern auch das unentwegt unentschuldigte Fehlen in der Schule löste den Besuch meiner Klassenlehrerin bei uns zu Hause aus. Meine Mutter sprach mit der Lehrerin, um was es ging, erfuhr ich erst ein paar Tage später, als uns ein Brief des zuständigen Gerichtes erreichte.
Zuvor aber ermahnte mich meine Lehrerin, in Zukunft wieder regelmäßig zur Schule zu gehen, ansonsten wäre meine Versetzung in die nächste Klasse gefährdet. Ich nahm es mir zu Herzen und tat dieses, vor allem aber gab ich mir wieder mehr Mühe, am Unterricht teilzunehmen. Die Lehrerin befasste sich mit mir, sonst wurde ich von ihr kaum beachtet. Es stellte sich heraus, dass sie eigentlich ganz nett war.

Als Kind erfährt man ja nicht alles, meine Mutter sagte nur, euer Vater arbeitet jetzt für einige Zeit auswärts, und ich möchte, dass ihr eure Arbeit zu Hause weiter so verrichtet, als wäre er da, das erführen wir während des Mittagessens. Wir versprachen es ihr, so viel wie möglich zu helfen.
Tatsächlich wurde mein Vater wegen Kindesmisshandlung zu einer mehrmonatigen Haftstrafe verurteilt, die er auch gleich anzutreten hatte. Er hatte zur damaligen Zeit bereits einige Vorstrafen wegen Körperverletzung und wurde immer wieder nur zu Geldstrafen verurteilt, das Gericht wollte ihm jetzt wohl mit diesem Urteil mitteilen, dass es nicht mehr bereit war, ein Auge zuzudrücken. Aufgrund der Schwere dieser Misshandlung hatte er die Strafe sofort anzutreten, ich denke, man wollte ihm auch nicht die Möglichkeit geben, irgend jemanden anderes dafür verantwortlich zu machen. Einmal im Monat besuchte ihn meine Mutter für einen Tag, an diesen Tagen hütete meine Tante bei uns das Haus.

Es war eine tolle Zeit, denn noch heute erinnere ich mich sehr gern daran, ich spielte sehr viel mit den Mädchen aus der Nachbarschaft, was ich ja eigentlich nicht durfte. Mein Vater war ja nicht da, und so brauchte ich keine Angst vor Konsequenzen zu haben.
Noch waren Sommerferien, und das Wetter war wirklich sehr schön.
In der Nachbarschaft wurde ein Haus verkauft, die neuen Eigentümer waren dabei, das Haus für ihre Bedürfnisse zu sanieren, es war eine vierköpfige Familie mit den Eltern, einer Tochter und einem Sohn.

Ich freundete mich sehr schnell mit den Kindern an, sie waren in etwa in meinem Alter. Das Haus sollte als Ferien- und Wochenendhaus genutzt werden, und bis es soweit war, kam oft der Vater allein, um verschiedene Arbeiten selbst auszuführen. Manchmal brachte er auch jemanden mit, der ihm bei diesen Arbeiten half.

Im Laufe der Zeit hatte er erfahren, dass wir regelmäßig gutes und frisches Schlachtvieh zu verkaufen hatten. Und jedes Wochenende, wenn er da war, bestellte er bei meiner Mutter Fleisch, und ich brachte es dann hinüber. Er war sehr nett, er gab immer mehr Geld als er zahlen sollte, aber das überließ ich meiner Mutter, sie brauchte es nötiger, mir reichten die Süßigkeiten, die ich außerdem noch zusätzlich bekam."

Kapitel IV

Der falsche Freund

Nur ein Freund sieht dir in die Augen

Ich setzte im Gespräch mit dem Professor meine Berichterstattung fort:

„Und so entwickelte sich langsam eine Freundschaft, wobei es mir hier nur um Vertrauen ging, dass wenn ich mal wusste, wo ich hin sollte, auch Schutz und Hilfe bekam. Meine Mutter konnte ja nicht immer auf mich aufpassen, und seit diesem Vorfall vertraute ich meinem Vater einfach nicht mehr, ich denke, das ist für jeden verständlich!

Mein Interesse galt mehr der Tochter, sie gefiel mir, und so stellte ich ihr auch die Nachbarskinder vor, ich spielte während der Ferien hauptsächlich mit Mädchen, was mir auch in der Seele gut tat.

Die Ferien waren inzwischen vorbei, und die Schule hatte uns wieder im Griff, so wurde unsere tägliche Freizeit drastisch gekürzt. Hinzu kam noch die tägliche Versorgung der Haustiere, des Gartens und die Schularbeiten, also viel Zeit blieb da wirklich nicht übrig, genauer gesagt zwei Stunden nach dem Abendessen. Und die nutzten wir auch voll aus, meine Mutter hatte immer Mühe, uns ins Haus zu bekommen, aber da half auch kein Nörgeln und Bitten, denn unsere Mutter bestand darauf.

Die Wochenenden waren letztlich unsere Zeit, wo man mal etwas planen konnte, wie Angeln, Baden am Strand oder bei uns auf der Weide zu zelten. Und so ging der Sommer viel zu schnell vorbei, der Herbst hatte sich angesagt, unser Obst und Gemüse war abgeerntet und größtenteils in Gläser eingemacht, es war zwar sehr viel Arbeit auch für uns Kinder, aber es brachte immer wieder sehr viel Spaß.

Der neue Nachbar wurde von allen nur der „Hamburger" genannt, er war auch wieder übers Wochenende da, und ich sollte ihm wie so oft seinen Sonntagsbraten - dieses Mal war es eine frisch geschlachtete Ente - vorbei bringen. Anders als sonst brachte ich ihm diese bereits am Samstagmorgen statt nachmittags vorbei, denn mein Bruder und ich wollten gleich nach dem Mittagessen zum Angeln.

Deshalb waren wir extra früher aufgestanden, wir hatten ja wie jeden Morgen unsere Haustiere zu versorgen, hierzu gehörten Schweine, Hühner, Enten, Gänse, Kaninchen, usw.

Und so ging ich mit der Ente zu dem „Hamburger" hinüber, das Auto stand auf dem Hof, die Außentür zur Küche stand wie immer offen, wenn er da war. Und so legte ich die Ente samt Tüte auf den leeren Küchentisch und klopfte an die Tür zum Esszimmer, ich hörte nur ein „ja" und so trat ich ein.

Das nicht mir dieses „ja" galt, sondern eine ganz andere Bedeutung hatte, wusste ich nicht! Sie waren zu zweit und nackt, der eine saß auf dem Stuhl, während der andere vor ihn kniete und irgendwas in seinem Schoß zu machen schien. Ich stand wie angewurzelt da und mit neugierigen, großen Augen sah ich den beiden zu.

Man hatte mich sicherlich bemerkt, denn der Mann, der auf dem Stuhl saß, bat mich, Platz zu nehmen, denn sie seinen gleich fertig. Ich setzte mich, versuchte aber meinen Blick von beiden abzuwenden, man forderte mich auf, ruhig zuzusehen, und nachdem sie die Plätze getauscht hatten, machten sie weiter.

Noch nie zuvor hatte ich so etwas gesehen, ich konnte es nicht zuordnen, ob es nun gut oder schlecht, erlaubt oder nicht erlaubt war.

Na ja, dachte ich, es muss ja nicht weh tun, sonst würden sie ja nicht einen solch zufriedenen Gesichtsausdruck haben, aber ich wunderte mich über diese riesigen (nennen wir sie mal) steifen „Pimmel", die sie beide hatten. Meiner war ja winzig dagegen!

Nachdem sie fertig waren, gingen sie beide aus dem Zimmer, lächelten mich beim Vorbeigehen an und streichelten mir über den Kopf. Nach kurzer Zeit kam Onkel Bert, wie ich den „Hamburger" nannte, zurück und sagte: „So, mein Kleiner hier hast du das Geld für die Ente, und zwei Mark von mir und Onkel Uwe, kauf dir was schönes davon."

So naiv, wie man nun im Alter von neun Jahren zur damaligen Zeit war, fragte ich ihn dann, was das für ein Spiel sei, welches die beiden eben gespielt hatten, als Antwort bekam ich: „Das sind Erwachsenenspiele, das darfst du niemanden erzählen!" Ich versprach es, denn Onkel Bert war ja mein Freund, und so verabschiedete ich mich von den beiden und freute mich schon auf das Angeln. Meiner Mutter gab ich das Geld, auch die zwei Mark, die ich zusätzlich erhalten hatte.

Mein Bruder und ich machten uns an die Arbeit im Garten, nach Regenwürmern zu graben, die als Köder dienen sollten, dieser lehmige Marschboden war voll davon. Mit mehr als genug Ködern fuhren wir dann gleich nach dem Essen mit unseren Fahrrädern los, ich kannte einen Priel, der führte bei jeder Tide, egal ob Ebbe oder Flut, genug Wasser und hier gab es unheimlich viel Aale und Butt.

Es war ein unheimlich toller Nachmittag, auch wenn wir Brüder waren und unterschiedlich zu Hause behandelt wurden, so hielten wir doch zusammen, obwohl wir sehr verschieden waren. Mein Bruder war eben ein „echter"

Junge, draufgängerisch und frech, ich war dagegen ein ruhiger sensibler Typ, eher scheu und zurückhaltend.

Wir unterhielten uns über unseren Vater, wie schön es war, seitdem er nicht mehr da war, keine Gewalt und kein Geschrei mehr, wir hofften, dass er nicht mehr zurückkam. Unsere Mutter hatte uns eine Uhr mitgegeben, damit wir wieder pünktlich um sechs Uhr zu Hause sein konnten und auch waren. Den gefangenen Fisch präsentierten wir stolz unserer Mutter, wir hatten ihn bereits zum Räuchern fertig gemacht, uns so kam er in die Gefriertruhe, bis wir mehr davon hatten, damit sich ein Räuchern der Fische auch lohnen würde.

Der Tag war nun zu Ende, und ich lag, von der frischen Seeluft müde, im Bett und dachte über das Erlebte heute morgen bei Onkel Bert mit den „Erwachsenenspielen" nach und überlegte, ob alle Erwachsenen derartige Spiele spielten. Mit wie viele Jahren fängt man wohl an, sich aufgrund von Neugierde für die eine oder andere Sache zu interessieren, Details scheinen anders als zunächst vermutet, doch eine wesentliche Rolle zu spielen. Zur damaligen Zeit war es ohnehin ein Tabuthema, vor allem, was Homosexualität unabhängig vom Geschlecht betraf.

Vor der Pubertät waren es wohl eher „Zufallserlebnisse", die Kinder wie ich zum Beispiel erlebten. Aber die Neugierde wurde geweckt, und so taten sich Unmengen von Fragen auf. Wie sollte das bei Frauen gehen, die hatten doch nur einen winzig kleinen Pimmel?

Ob ich das wohl auch machen würde, wenn ich erwachsen bin? Dann müsste es ja jeder mit jedem machen können, oder?

Ich meine, das mit dem „Klapperstorch" war ja nicht wahr! Das haben wir in der Schule schon von älteren Mitschülern mitbekommen, wenn die sich in der Pause auf dem Schulhof darüber unterhielten.

Ich starrte die Decke des Zimmers an und dachte nur daran, wie kompliziert die Welt der Erwachsenen ist, hoffentlich werde ich nicht so schnell erwachsen. Mann zu sein, konnte ich mir ohnehin nicht vorstellen, um Gottes Willen mit Haaren auf der Brust und dem Bauch. Frauen fand ich viel schöner, deswegen wollte ich eine schöne Frau sein, sie sind lieb, warm und weich, für mich haben sie etwas anziehendes an sich, und dann wollte ich aber eine ebensolche Freundin haben. Oftmals betete ich nachts im Bett: „Lieber Gott, lass meine Pimmel auch ganz klein werden, damit ich eine schöne Frau werden kann." Dieses Gebet betete das macht ich auch an diesem Abend.

Ich war immer enttäuscht, wenn ich morgens aufwachte und das „Ding" war immer noch da, ich dachte dann immer, es würde sich noch ändern.
Nach dem Frühstück versorgten mein Bruder und ich wie jeden Tag unsere Haustiere, diese Arbeit hatten wir auch zu verrichten, wenn mein Vater da war. Wir hatten uns daran gewöhnt und sahen es weniger als Arbeit an, denn wir hatten auch sehr viel Spaß dabei, besonders wenn es Nachwuchs gab, freuten wir uns sehr darüber. Aber wir wussten, auch egal wie niedlich diese Tiere auch waren, sie dienten unserer Ernährung, zu dieser Zeit hatte jeder auf dem Lande Haustiere dieser Art, um sich einfach selbst zu versorgen.
Nach dem Ausmisten des Schweinestalls war für uns die heutige Arbeit getan, und so war der Rest des Tages unserer Freizeit gewidmet. Mein Bruder ging zu Freunden Fussball spielen, und ich traf mich mit meiner guten Freundin Gabi aus der Nachbarschaft, denn ich wollte mit ihr zusammen von einem Bauern Äpfel holen. Die bekamen wir geschenkt, es war Fallobst, und bevor die Vögel alles anpickten, sammelten wir es auf und unsere Mütter machten entweder Apfelkuchen oder Apfelmus daraus, das immer sehr lecker war.
Und so haben Gabi und ich unser Obst zu Hause abgeliefert, erst meines und dann sind wir zu ihr gefahren. Ihr Vater hatte ihr Zimmer neu eingerichtet, und das wollte sie mir unbedingt zeigen, es war wirklich sehr schön, ich freute mich sehr für sie, so etwas wie Neid kannte ich damals noch nicht. Wir vertrauten uns alles an, wir waren wie zwei Freundinnen, die auch gleich sensibel waren, böse Worte gab es zwischen uns nicht, wenn uns danach war, küssten wir uns heimlich. Jedes mal, wenn wir wussten, dass uns niemand störte, sahen wir beide bei mir nach, ob mein kleiner Pimmel noch da war oder nicht! Wenn ich deshalb traurig war, tröstete sie mich mit den Worten „das geht nicht so schnell", außerdem gab sie mir immer ein Höschen von sich selbst, das ich dann anziehen durfte. Sie waren auch viel schöner als die Unterwäsche von Jungen, die ich trug und die wir verglichen und oft darüber lachten.
Als Einzelkind verfügte sie natürlich über mehr Spielsachen als wir in unserer Familie, aber das störte mich nicht.
Ihre Kleider durfte ich natürlich auch hin und wieder mal anziehen, was mir unbeschreiblich gut tat, sie nannte mich dann immer „Karo", den Namen fand sie für mich einfach passend. Ich denke, ihre Mutter wusste, was wir da oben in ihrem Zimmer machten, aber es war ja nichts Verbotenes, und da

sie meinen Vater kannte und ihn einmal übelst auf offener Straße beschimpft hatte, galt ihre Sympathie eher mir als ihm.
Wenn ich zu meiner Mutter sagte, ich wolle zu Gabi, wusste sie, dass ich in guten Händen war, denn unsere Mütter kannten sich, und da sie vermutlich die gleichen Ansichten hatten, verstanden sie sich auch sehr gut. Mein Vater durfte nicht wissen, dass sich unsere Mütter hin und wieder gegenseitig besuchten, und so wie wir schwiegen alle.
Ich musste nach Hause zum Mittagessen, so verabschiedete ich mich von Gabi und ihren Eltern und fuhr mit dem Fahrrad heim.
Im Haus roch es lecker nach gebratenen Hähnchen, Bohnen und Kartoffeln, meine Mutter kochte vorzüglich, oft sah ich ihr dabei zu, und die Fragen, die ich ihr stellte, beantwortete sie immer sehr geduldig. Sie bemerkte, dass ich mich auch wirklich dafür interessierte, im Winter, wenn es draußen ungemütlich war, kochten wir oft zusammen, natürlich zum Leidwesen meines Vaters, dem das gemeinsame Kochen ganz und gar nicht gefiel.
Da meine Mutter nachmittags meinen Vater besuchen wollte, kam meine Tante wieder zum Aufpassen, das traf aber eher auf meine jüngeren Geschwister zu. Ich hatte noch zwei küchenfertige Kaninchen zum „Hamburger" zu bringen, die hatte er heute morgen bestellt, er wollte sie mit nach Hause nehmen, wenn er heute nach Hamburg fuhr. Das war nichts Ungewöhnliches, das tat er öfter, und so dachte ich mir auch nichts dabei, als ich wenig später mit der Nachbestellung in seiner Küche stand und die beiden Kaninchen auf den Küchentisch legte.
Es war Kaffeezeit, man roch es im Haus, denn Onkel Bert war am Kaffee brühen und fragte mich, ob ich nicht ein Stück Kuchen haben möchte, was ich natürlich sehr begrüßte. Nachdem der Kaffee fertig war, half ich ihm, diese Dinge in das Wohnzimmer zu tragen, nebenbei unterhielten wir uns über meine Schule und dass diese sehr wichtig sei für mich. Und während wir gemeinsam den Tisch deckten, kam Onkel Uwe dazu, der mich sehr herzlich begrüßte.
Onkel Bert und Onkel Uwe waren nur mit einem Morgenmantel bekleidet! Zum Kuchen gab man mir Limonade, und wir unterhielten uns über das herbstliche Wetter, das immer schlechter wurde, und das ganze Ungeziefer, welches jetzt den Schutz vor dem bevorstehenden Winter in den Häusern suchte.
Alle Häuser, wie auch das meiner Eltern, verfügten zwar über einen Keller, jedoch waren diese sehr niedrig, ein Erwachsener konnte nicht darin stehen,

und so bat man mich, der ja nun wesentlich kleiner war, mit einem Handfeger die bestehenden Spinnengewebe zu entfernen.
Ich sollte auch den Kellerraum reinigen, was ich auch bei meiner Hilfsbereitschaft übernahm, war anschließend voller Dreck, gut dass ich nicht meine Sonntagssachen an hatte. Meine Mutter hätte mit mir geschimpft, aber so machte es nichts.
Die beiden sahen mich an, und Onkel Bert bestand darauf, mir ein Bad einzulassen, ich dachte mir nichts dabei, denn schliesslich hatte ich keinen Grund, Misstrauen zu haben, er war ja mein Freund, dem ich so gut wie alles über mich im Laufe des Sommers anvertraut hatte, auch dass ich eigentlich ein Mädchen sein wollte! Er hatte mir gesagt, ich könnte jederzeit zu ihm kommen und er würde mir immer helfen, egal, was es sei, das war ein Versprechen das für mich eine sehr große Bedeutung hatte. Das Bad war herrlich, ich wurde anschließend von Onkel Bert abgetrocknet, dann fragte er mich, welche Creme meine Mutter immer verwendete, Nivea gab ich ihm zur Antwort und mit dieser kam er dann auch zurück.
Er cremte mich dann komplett ein, föhnte mir anschließend noch die Haare trocken. In der Zwischenzeit hatte Onkel Uwe meine Kleidung grob gereinigt, ich bekam, bis die Creme eingezogen war, ein Nachthemd von seiner Tochter an, das angenehm weich war, und ich fühlte mich darin sehr wohl.

Während ich auf der Couch saß, sah ich zu, wie die beiden ein Würfelspiel begannen, man sagte eine Zahl und der, der sie würfelte, durfte sich etwas wünschen, der andere Spieler musste dann diesen Wunsch erfüllen.
Ich sah den beiden dabei zu, es fing auch sehr lustig an, mit den unterschiedlichsten Wünschen, wie einen Keks mit Senf zu essen, ein Würstchen mit Marmelade, oder die Augen zu verbinden und dann einen Negerkuss mit gefesselten Händen vom Teller zu essen.
Bis zu diesem Zeitpunkt war meine kleine aber doch angeschlagene Welt noch in Ordnung. Was dann passierte, sollte man, wenn überhaupt in diesem Alter von neun Jahren, nicht erleben dürfen. Man hatte mich nach einiger Zeit bewusst in das Spiel mit eingebracht, und ich hatte nicht geahnt, was man von mir wollte.
Es fing damit an, dass ich ebenfalls mit den beiden würfeln sollte, allerdings wünschte ich mir das erste Mal, als ich gewann, eine Tüte Süßigkeiten, die ich auch gleich bekam. Dann gewann Onkel Bert, er verband Onkel Uwe die Augen, tat sich Schlagsahne auf den Pimmel und Onkel Uwe musste es ab-

schlecken, in dem er ihn in den Mund nahm. Nach einer kurzen Weile waren sie damit fertig. Ich wusste zwar nicht, was es dabei zu stöhnen gab, aber für mich waren es „Erwachsenenspiele", die mich zwar neugierig machten, aber nicht sonderlich interessierten.
Onkel Uwe hatte gewonnen und ich hatte verloren, das hieß, das er sich etwas von mir wünschen durfte. Man verband mir die Augen, und ich sollte etwas erraten. Man schob mir etwas in den Mund, ich sollte es ablecken und raten, was es sei. Es war eindeutig Schlagsahne, zumindest am Anfang, danach schmeckte es nur noch salzig, ich hatte alles abgeleckt, man nahm mir anschließend die Augenbinde wieder ab.
Als man mich fragte, was es gewesen sei, antwortete ich natürlich Schlagsahne, die etwas salzig schmeckte, ich hatte also recht. Als man mir sagte, dass der Rest der Pimmel von Onkel Uwe gewesen sein sollte, konnte ich es kaum glauben, so also schmeckte der Pimmel eines Erwachsenen. Onkel Bert forderte mich auf, es auch bei ihm zu machen, ich sah ihn erst an, dann forderte er mich ein zweites Mal auf, und so gehorchte ich ihm und tat das Gleiche wie zuvor bei Onkel Uwe, nur diesmal band man mir die Hände auf den Rücken.
Bevor ich etwas sagen und mich dagegen wehren konnte, steckte er mir sein „Ding" in meinen Mund. Ich wehrte mich zunächst, bis ich kurz darauf eine Ohrfeige von ihm bekam. Erst war ich darüber sehr erschrocken, dann weinte ich und bat ihn, mich nicht mehr zu schlagen.
Seine Antwort war: „Los, jetzt mach weiter." Ich machte dann weiter, und damit ich nicht aufhören konnte, hielt er meinen Kopf fest, bis ich wieder diesen komischen salzigen Geschmack im Mund hatte, erst dann durfte ich aufhören. Er ließ dann von mir ab, machte sich den Bademantel wieder zu, dann sah er mich an und sagte zu mir: „Wenn du das tust, was ich dir sage, bleiben wir gute Freunde, und wenn du irgend jemanden etwas sagst, werde ich deinem Vater sagen, das du nicht gehorchst."
Ich flehte ihn an, keine weiteren Schläge zu bekommen, ich würde dann auch alle seine Wünsche erfüllen. Ich weinte wieder, weil ich mir ausmalte, was mein Vater erst mit mir machen würde. Er zog mich zu sich, nahm mich in den Arm und beruhigte mich. Ich durfte mich wieder anziehen und bekam noch eine Limonade, so wurde ich wenigstens diesen salzigen Geschmack aus dem Mund los.
Mein Onkel gab mir das Geld für die Kaninchen und fünf Mark extra, außerdem meine Süßigkeiten, die ich „gewonnen" hatte, und eine Tüte mit diver-

sem Schulzubehör. Das war das Einzige, über was ich mich tatsächlich freute und wofür ich mich auch bedankte!
Dann gab er mir noch einen Zettel für meine Mutter mit, die Bestellung für den nächsten Samstag um 14.00 Uhr, er wollte, das ich ihm das dann bringe. Ich verabschiedete mich und durfte dann auch gehen. Als erstes brachte ich das Geld und den Zettel nach Hause und gab es erstmal meiner Tante, sie tat es in den Schrank, und ich durfte noch für eine Stunde bis zum Abendessen spielen gehen. Ich ging in mein Versteck auf dem Dachboden, der sich über den Stall hinter dem Heu befand.

Der Verlauf des heutigen Tages hatte mich sehr verletzt, ich weinte und war über das Verhalten von Onkel Bert mehr als enttäuscht, denn ich verstand es einfach nicht, was man mit mir machte, konnten sie sich nicht jemanden anders dafür nahmen? Es gab doch so viele Erwachsene, da brauchte man mich doch nicht, ich hoffte nur, dass er meinen Vater nichts sagen würde. Der nämlich würde mich erschlagen, wenn er davon erfahren würde.
Da war ich mir ganz sicher, allein der Gedanke daran, ließ mich am ganzen Körper zittern. Eines war wichtig: ich musste mein Versprechen, es niemandem zu sagen, auf jeden Fall einhalten, es durfte niemand erfahren, nicht einmal meine kleine Freundin Gabi. Und meine Mutter damit zu belasten, das wäre keine gute Idee, die hat schon genug Probleme, mit denen sie klar kommen musste.
An wen ich auch immer dachte, ins Vertrauen zu ziehen, es mangelte entweder an meinem nicht vorhandenen Selbstbewusstsein, oder, wie bereits erwähnt, die Angst, dass mein Vater etwas davon erfahren könnte.
Wäre ich doch nur gleich gegangen, ich machte mir selbst große Vorwürfe, wie konnte so etwas sein, aber der Gedanke, dass man das von Seiten des Onkel Bert geplant haben könnte, kam mir nicht.
An so schlechtes kann man mit neun Jahren noch nicht denken, zumindest ich nicht. So sehr ich mich bemühte und auch überlegte, ich fand einfach keinen Ausweg aus dieser Situation. Wichtig war, man durfte mir nichts anmerken, ich wischte mir übers Gesicht und ging, nachdem ich wieder vom Dachboden geklettert war, zum Abendessen.
Meine Tante merkte Gott sei Dank nichts, und so aßen wir alle gemeinsam an dem großen Tisch in unserer Küche. Danach durften wir noch eine Stunde hinaus gehen, aber da es inzwischen draußen herbstlich kühl geworden war, machten wir keinen Gebrauch davon.

Stattdessen gingen wir in das Kinderzimmer und sahen noch ein bisschen fern, bevor es ins Bett ging. Mein ein Jahr jüngerer Bruder und ich teilten uns ein Zimmer, und abends erzählte er mir immer, was er so den ganzen Tag gemacht hatte, und wenn er etwas fragte, so versuchte ich ihm dieses zu beantworten. Aber heute ging es nicht lange, denn ich war sehr müde und wollte nur noch schlafen.

Die Woche verging sehr schnell, es regnete fast jeden Tag, und wir alle wussten, dass jetzt die Zeit kam, in der man die Tage hauptsächlich drinnen im Haus verbrachte. Meine Aufgabe war es, dafür zu sorgen, dass immer genügend Brennholz im Haus war, manchmal half mir beim Holen auch mein Bruder dabei. Auch beim Holz sägen half er mir tatkräftig, aber das kam eher selten vor, er versorgte lieber die Tiere.
Seit heute hatten wir Herbstferien, und so verfügten wir wieder über ausreichend Zeit, das eine oder das andere zu unternehmen. Und obwohl das Wetter schlecht war, wollte ich zum Angeln. Versuchen konnte ich es ja mal, dachte ich so bei mir, ich packte also nach dem Mittagessen alles nötige zusammen.
Dann fiel mir ein, ich sollte Onkel Bert noch das bestellte Geflügel vorbeibringen, oh je, das hatte ich fast vergessen, besser gesagt, ich hatte es bewusst verdrängt. So sehr ich mich auch innerlich dagegen wehrte und mich allein der Gedanke an diesen ekelhaften Geschmack schon zum Würgen brachte, ich musste dort hin gehen, sonst würde er es meinem Vater erzählen. Ich fühlte mich hin und her gerissen, aber ich musste mich nun entscheiden, und es fiel mir nicht gerade leicht.
Viel konnte mir ja nun nicht mehr passieren, denn er hatte mir versprochen, mich nicht mehr zu schlagen und auch diese Spiele würden bestimmt bald aufhören, so hoffte ich zumindest.
Pünktlich, wie verlangt, legte ich um 14.00 Uhr das gewünschte Geflügel wie immer in der Küche ab. Mit einem „Na, mein Kind" begrüßte mich Onkel Bert, der in der Küche saß und einen Kaffee trank. Er gab mir das Geld dafür, wie immer etwas mehr und bot mir eine Limonade an, die ich gern und dankend annahm.
Er erzählte mir, dass er allein da sei, und auch morgen wieder weg müsse, er bat mich, ihm zu helfen. Der Dachboden sollte ausgeräumt werden, weil er diesen als Wohnraum nutzen wollte. Ein bisschen Taschengeld wollte ich mir gern verdienen und sagte ihm deswegen zu.

Nachdem er Kaffee getrunken hatte, fingen wir damit an. Ich ging auf den Dachboden, und während er auf der Leiter stand, gab ich ihm die Sachen, und er brachte sie hinunter. Alles mögliche wie Zeitungen, Bücher, leere Einweggläser und Flaschen wurden vom Dachboden heruntergeholt. Das waren Dinge wahrscheinlich noch vom Vorbesitzer, der das Haus auch gebaut hatte. Es dauerte eine ganze Weile, bis wir fertig waren, denn alles musste noch in den Schuppen gebracht werden. Das eine oder andere konnte ich gebrauchen, und ich durfte es auch mitnehmen.

Dann forderte mich Onkel Bert auf, mit ihm zu duschen, und ich widersprach ihm nicht. Unter der Dusche seifte er mich ein, und anschließend musste ich ihn einseifen, vor allem seinen „Pimmel" sollte ich ausgiebig waschen. Dabei wurde er immer größer und größer, ich staunte sehr darüber, ich sollte immer schneller machen und auf einmal kriegte ich eine ganze Ladung „Flüssigkeit" ins Gesicht.

Schließlich war ich klein und fast in gleicher Höhe mit seinem „Pimmel", dann steckte er mir sein Ding in den Mund, und ich musste diesen, obwohl er kaum hinein passte, ablecken. Hinterher wusch ich mir mein Gesicht und trocknete mich ab, und er cremte mich wieder am ganzen Körper ein.

Und so saßen wir auf der Couch, er trank Limonade mit Schnaps und ich nur Limonade, zumindest dachte ich es zu diesem Zeitpunkt.

Unter dem Tisch holte er dann eine Zeitschrift hervor mit vielen Bildern von nackten Männern und Frauen, ich fragte ihn, warum die so etwas machten.

Als Antwort bekam ich, dass solche „Erwachsenenspiele" eine Art Befriedigung seien, es würde einem danach viel besser gehen. Irgendwann und viel später würde ich das Gleiche tun und es auch verstehen, und damit ich nicht so lange warten müsste, wollte er es mir jetzt schon beibringen.

Nach der Frage, ob es nicht weh tun würde, wenn man sich da einen „Pimmel" oder andere Gegenstände, die dort in der Zeitschrift abgebildet waren, vorn oder hinten hineinstecken würde.

Er antwortete: „Nur am Anfang ist das so, dann wird man es als Spiel oder Lust bezeichnen." Ich verstand überhaupt nichts von dem, was mir Onkel Bert versuchte zu erklären, ich sah nur die zahlreichen Frauen und Männer auf den vielen Bildern vor mir, so etwas hatte ich noch nie zuvor gesehen, es war für mich kaum zu glauben, was Erwachsene alles taten, nur um sich Lust und Befriedigung zu verschaffen!

Aber es musste ja so sein, sonst wäre es ja nicht in der Zeitschrift abgebildet, dann war es ja auch nichts Verbotenes, was man hier mit mir machte, so

dachte ich jedenfalls. Onkel Bert wollte das nächste Mal eine Zeitschrift mitbringen, in der auch Kinder wie ich abgebildet waren. Wenn das tatsächlich so war, hatte ich ja nichts zu befürchten, was mich dann auch etwas beruhigte. So wusste ich, dass es auch andere Kinder gab, die solche Spiele machten. Aber ich sollte trotzdem zu niemanden etwas sagen, das sollte unser Geheimnis bleiben, und da ich ja ohnehin ein Mädchen und später eine Frau sein möchte, würde er mir auch das zeigen.
Es war schon nach 17.00 Uhr, und so durfte ich mich anziehen und gehen.
Nachdem er mir fünf Mark für die Hilfe beim Ausräumen des Dachbodens gab, sagte er zu mir: „Bis nächsten Samstag um 14.00 Uhr, und bring mir wieder ein Kaninchen mit." Dann verließ ich das Haus.
Das Geld für Geflügel und die fünf Mark gab ich meiner Mutter, ich erzählte ihr auch, dass ich dafür geholfen habe, den Boden zu räumen. Sie gab mir eine Mark zurück, die durfte ich behalten, und ich bestellte dann noch das gewünschte Kaninchen für den nächsten Samstag bei meiner Mutter.

Der Tisch in der Küche war bereits gedeckt und so blieb ich nach dem Händewaschen, und half meiner Mutter mit der Zubereitung des Abendessen. Es gab Hühnersuppe, die aßen wir immer wieder gern, weil sie einfach lecker schmeckte, diese wurde mit frischen Gemüse aus dem Garten zubereitet. Ich durfte das Gemüse schneiden, während meine Mutter das Huhn zerkleinerte, dabei erzählte sie mir, dass die Nachbarin Ida Janssen da gewesen wäre. Sie war schon um die Fünfzig, ihr Mann wäre für eine Woche nicht da, und sie bat darum, um nachts nicht allein sein zu müssen, ob ich für diesen Zeitraum bei ihr übernachten dürfte. Ohne lange zu überlegen, sagte ich sofort: „Ja gerne, Mutti."
Ich mochte Tante Ida sehr gern, sie war immer sehr fröhlich, und mit ihrem Mann Willi, der bereits Rentner war, verbrachte ich sehr viel Zeit. Ich sah Onkel Willi eher als Opa, als einen Vater an, er zeigte mir alles, was mit Fischen zu tun hatte. Ich war oft mit ihm zum Leeren der Reusen und Netze, die er vom Frühjahr bis zum Herbst jedes Jahr aufstellte.
Die gefangenen Fische wie Aal und Butt räucherten wir oft gemeinsam, es schmeckte einfach lecker. Durch den Verkauf der Fische an Sommergäste verdiente ich mir etwas Taschengeld dazu.
Aber mir ging es hauptsächlich darum, etwas zu erlernen vom Reusen-Fischer Onkel Willi."

Kapitel V

Tante Ida

Auch wenn du es denkst, du bist nicht allein…

Ohne Unterbrechung setzte ich meinen Lebensbericht beim Professor fort:

„Nach dem Abendessen erledigte ich noch meine alltäglichen Arbeiten, duschte, nahm meine Zahnbürste und verabschiedete mich von meiner Mutter mit einem Kuss und mit einem „Tschüss bis morgen".
Tante Ida öffnete mir nach dem Anklopfen lächelnd die Tür und gab mir einen dicken herzlichen Kuss auf den Mund, den ich mit einem Kuss erwiderte.
Anders als bei uns hatten sie hier den Fernseher im Schlafzimmer stehen, ich sollte mit ihr im Doppelbett schlafen auf der Seite, wo Onkel Willi sonst schlief. Das machte mir auch nichts aus. Tante Ida machte das Bett fertig, und ich legte mich, nachdem ich mich ausgezogen hatte, hinein. Tante Ida gab mir ein Hemd von Onkel Willi als Nachthemd, ich hatte nämlich meinen Schlafanzug zu Hause vergessen.
Wenig später kam Tante Ida im Nachthemd und einer Schale Obst, sie stellte diese auf den Nachttisch und machte den Fernseher an. So, jetzt machten wir es uns gemütlich, mein Kind. Sie legte sich ins Bett und holte mich ganz dicht an sich ran. Wir saßen beide im Bett, das heißt, ich lag mit meinem Kopf zwischen ihren gewaltig großen Brüsten, so sahen wir fern, und fühlten uns beide sehr wohl.
Da es nichts interessantes im Fernsehen gab, schaltete sie diesen ab und wir unterhielten uns ein wenig.
„Mein Kind, du bist schon was zum Knuddeln", so fing sie an. Dann kam sie auf meinen Vater zu sprechen, für den hatte sie nicht viel übrig, denn sie hatte Mitleid mit mir, weil sie es nicht verstand, dass er mir solche Dinge antun konnte.
Sie sah mir ins Gesicht und hatte Tränen in den Augen, sie bezeichnete mich als klein und zart, was ja auch stimmte. Ich sei etwas ganz Liebes, sie und Onkel Willi würden mich unheimlich gern haben, auch wenn ich etwas anders wäre, wie es scheint, aber dafür wäre ich ganz etwas besonderes. Ich himmelte sie förmlich an, und ich wollte ihr auch etwas erzählen, aber wie sollte ich damit anfangen, obwohl sie mich dazu ermunterte, zögerte ich ein wenig, bevor ich anfing, über mich zu erzählen.
Ich habe ihr meine ganzen Gedanken, meine Gefühle und meine Sehsüchte anvertraut. Und selbstverständlich auch meinen so großen Wunsch, dass ich lieber ein Mädchen wäre und am liebsten auch so tolle Brüste haben möchte. Sie lächelte mich an, bevor sie mir sagte, dass man merke, dass ich vom

Wesen alles andere als ein Junge sei. Sie spürte es auch, deshalb mochte sie mich auch so, für sie sei ich ohnehin eher ein Mädchen als ein Junge. Das wäre auch das Problem, dass mein Vater mit mir hatte, er konnte mein Wesen und meine Art nicht tolerieren, geschweige dann akzeptieren.
Tante Ida gehörte zu den wenigen Erwachsenen, die ich wirklich liebte, das wusste sie auch. Während sie uns Obst zubereitete, bat sie mich, weiter davon zu erzählen, was ich mir so wünschte und mich bedrückte.

Bis auf die Erlebnisse mit Onkel Bert erzählte ich ihr alle meine Wünsche und Sehnsüchte, die ich damals schon hatte. Von meiner kleinen Freundin Gabi, die mich auch so mochte wie ich war, und wie sie mir immer ihre Sachen zum Anziehen gab.
Von meiner Mutter, die ich über alles liebte, und von meinem Vater, vor dem ich so unbeschreiblich viel Angst hatte. Und bevor sie mir antworten konnte, war ich wohl eingeschlafen, denn ich wurde am nächsten Morgen mit einem Kuss ganz liebevoll zum Frühstück geweckt.
Trotz der Ferien musste ich ja die Haustiere versorgen, also stand ich auf, ging ins Bad und zog mich an. Tante Ida, die bereits in ihrem geblümten Morgenmantel am Tisch saß, begrüßte ich mit einem herzlichen guten Morgen und gab ihr einen dicken Kuss auf den Mund.
Zum Frühstück gab es heißen Kakao und allerlei Auswahl an selbstgemachten Marmeladen sowie Käse und Wurst. Während des Frühstücks erzählte ich ihr, wie gut ich geschlafen hätte, außerdem hätte mir unser Gespräch am Vorabend sehr gut getan. Sie lächelte mich an und gab mir einen Kuss, bevor ich ging. Mit einem Gruß verabschiedete ich mich von Tante Ida und ging nach Hause.
zu Hause stand meine Mutter in der Küche am Herd, ich ging zu ihr und wünschte ihr auch einen guten Morgen und gab ihr ebenfalls einen Kuss. Nachdem sie mich ausgefragt hatte, wie ich denn bei Tante Ida geschlafen hätte, ging ich, um meine gewohnten Arbeiten zu verrichten.
Es regnete, und es wehte ein heftiger Wind, daher beeilte ich mich mit dem Füttern der Tiere, so dass ich nach einer Stunde bereits fertig war. Als ich wieder im Haus war, wechselte ich erst mal die nasse Kleidung und trocknete mein Haar.
Meine Geschwister saßen beim Frühstücken, und wir alberten etwas herum, bei dem Wetter sollten wir Kinder lieber drinnen bleiben, meinte meine Mutter, und das taten wir auch. Erst wollte ich zu meiner kleinen Freundin

Gabi, aber solange es so stürmte und gewitterte, blieb ich lieber zu Hause. Erst half ich meiner Mutter in der Küche beim Abwaschen, dann füllte ich überall Brennholz nach. Ich ging kurz zu Tante Ida rüber und füllte hier auch das Brennholz auf, worüber sie sich auch sehr freute. Ich hatte das Gefühl, dass es ein langweiliger Sonntag werden würde, denn das Wetter würde den ganzen Tag so bleiben, und so putzte ich mal alle Schuhe von uns Kindern.

Ich war froh, als der Tag vorbei war, denn man konnte ja nichts unternehmen und selbst zum Angeln war es viel zu stürmisch. Nach dem Abendessen ging ich wieder zu Tante Ida, sie freute sich schon auf mich. Während ich ihr erzählte, was ich so den ganzen Tag gemacht hatte, nahm sie wieder die Obstschale und wir gingen zusammen in das Schlafzimmer. Die Kissen waren noch mit Gänsefedern gefüllt, ich hatte den Eindruck, sie waren riesig, und die Bettdecke genau so, mich allein hätte man im Bett nicht wieder gefunden. Diesen Eindruck erzählte ich ihr auch, und wir lachten beide sehr darüber, dann kitzelte sie mich durch und vor lauter Lachen bekam ich kaum noch Luft. Als ich mich wieder beruhigt hatte, kuschelten ich mich wieder an sie und lag wie am Vortag mit dem Kopf zwischen ihren Brüsten. Sie streichelte mir übers Haar und fragte mich, ob ich mich noch an das gestrige Gespräch erinnern könnte, und sie möchte etwas dazu sagen.
„Ja", sagte ich schüchtern zu ihr und sah sie dabei an. Während ich mich quer ins Bett und meinen Kopf in ihren Schoß legte, hörte ich ihr aufmerksam zu, als sie begann zu erzählen:
„Du hast mehr von einem Mädchen als von einem Jungen, und deshalb mag dich dein Vater nicht. Ich kenne deinen Vater schon sehr lange, er war schon immer ein Draufgänger, und deshalb mochten ihn viele nicht. Und wenn ich dich mit ihm vergleiche, so würde ich sagen, ihr seid wie Feuer und Wasser, also Grund verschieden, er weiß, dass du ganz anders bist, damit wird er nicht fertig. Damit ist keineswegs die Art uns Weise zu entschuldigen, wie er dich behandelt und jeder im Dorf verurteilt das, alle, die dich kennen, mögen dich, weil du etwas ganz Liebes bist. Wenn man es nicht wüsste, würde man nicht glauben, dass er dein Vater ist, und daher sagt er oft, wenn er betrunken ist, dass du nicht sein Sohn bist.
Das ist natürlich Unsinn, ich möchte, dass du weißt, wenn du unser Kind wärst, wären wir sehr stolz auf dich. Onkel Willi und ich mögen dich als wenn du unser eigenes Kind wärst. Leider konnte ich ja nie Kinder bekom-

men, und deshalb freuen wir uns sehr, wenn du mal bei uns bist. Deine Mutter macht sehr viel mit deinem Vater mit, und deshalb habe ich ihr gesagt, wenn mal etwas ist, kann sie dich gerne zu uns bringen. Und deshalb sage ich dir jetzt, wenn du einmal Hilfe brauchst oder du brauchst jemanden zum Reden, weil du einen Rat haben möchtest, dann komm bitte zu uns.

Wenn dir dein Vater nochmal was antun sollte, komm bitte, versprichst du uns das, mein Süßer." Ich setzte mich auf, und gab ihr ein freundliches „ja" als Antwort. Ohne zu überlegen, bedankte ich mich dafür, obwohl ich über das von ihr gesagte erst einmal nachdenken musste.
„So, und jetzt wird geschlafen, mein Kind, auch wenn du Ferien hast." Sie gab mir einen Gute Nacht Kuss, ich kuschelte mich dann an sie und schlief dann auch gleich ein. Diese Tage bei Tante Ida habe ich sehr genossen, sie war sehr lieb, an diese Zeit würde ich mich gern zurück erinnern!

So schnell wie diese Tage bei Tante Ida vergingen, so schnell gingen auch die Herbstferien zu Ende. Als ich nach der Schule nach Hause kam, lag ein Brief auf dem Küchentisch. Ich las als Überschrift „Jugendamt".
„Erst Hände waschen, dann essen" sagte meine Mutter zu mir, was ich auch tat. Während wir dann alle zusammen die Erbsensuppe aßen, erzählte mir meine Mutter, dass ich für ein paar Wochen zur „Erholung" sollte. Das wäre wie Ferien in einem Kinderheim mit vielen anderen Kindern, in einer größeren Stadt an der Ostsee wäre das.
Im ersten Moment wusste ich nicht, was ich davon zu halten hatte, sollte das jetzt eine Belohnung oder eine Bestrafung sein? Meine Mutter sah, dass es wie der Name schon sagte ausschließlich zur Erholung der Kinder wäre, also etwas gutes.
Na gut, dachte ich, das kann bestimmt nicht schaden, und je länger ich darüber nachdachte, desto mehr Interesse zeigte ich daran.
Meine Mutter erzählte mir dann, dass es bereits in einer Woche los geht, man würde mich dann zum Zug bringen, denn der Rest der Reise wird mit dem Zug gefahren. Das war zur damaligen Zeit für mein Alter ein unheimlich großes Abenteuer, was mir da bevor stand, egal, was mich dort erwartete, ich freute mich darauf, ich war ohnehin wissbegierig in solchen Dingen. Als ich abends in meinem Bett lag, habe ich versucht, es mir auszumalen, wie es dort wohl sei, bestimmt ganz anders als hier an der Nordsee vermutete ich mal und schlief darüber wohl ein.

Ich konnte es kaum erwarten, bis es Sonntag war, während meine Mutter mit der Schule alles regelte und meine Sachen zusammen trug, die ich für diese sechs Wochen benötigte. Ich bereitete entsprechend Futter für die Tiere vor, alle Stallungen wurden gereinigt und neu mit Stroh oder Heu versehen. Die Zeit verging so schnell wie im Fluge.

Heute am Samstag hatte ich nur noch das bestellte Kaninchen zu Onkel Bert zu bringen, wie das letzte Mal war ich pünktlich um 14.00 Uhr bei ihm.
Die Tage zwischen den Samstagen, an denen Onkel Bert nicht da war, ließen mich jedes Mal die Dinge, die ich hier erlebt hatte, vergessen.
Jeden Samstag wurde es dann wiederholt. Diese „Spiele" entwickelten sich für mich zu einer Art Ritual, ich empfand zwar nichts dabei, aber ich wusste, ohne dem würde er mich nicht gehenlassen, und bevor ich mich wieder schlagen lasse, tat ich lieber das, was man von mir verlangte.
Heute noch und dann habe ich für ein paar Wochen Ruhe, was mich auch etwas beruhigte, oder man würde mich vielleicht wieder so gehen lassen, ohne mich zu benutzen, insgeheim hoffte ich es jedenfalls.
Anders als sonst war die Tür heute verschlossen, ich öffnete sie, und betrat wie immer die Küche, ich legte wie gewohnt das Kaninchen ab und ging weiter in das Esszimmer.
Der Tisch war für den Nachmittags-Kaffee bereits gedeckt, und mit einem „hallo" begrüßte ich Onkel Bert und Onkel Uwe, beide im Morgenmantel. Ich wusste sofort, was das zu bedeuten hatte. Im gleichen Moment dachte ich, musste das sein, am liebsten wäre ich wieder weggelaufen, aber ich konnte ja nichts ändern. Man gab mir einen Becher heißen Kakao, wofür ich mich bedankte, aber irgendwie war es anders als sonst.
Ich erzählte gleich, dass ich für die nächsten Wochen nicht da sei, und ich mich sehr auf diese Erholung freuen würde. Die beiden sahen sich an und meinten, dann müssen wir uns ja heute etwas ganz besonderes einfallen lassen, damit es für die ganze Zeit ausreicht. Oh je, dachte ich, da hatte ich mir etwas eingebrockt.
Man legte mir eine Zeitschrift auf den Tisch mit Bildern von nackten Männern, Frauen und Kindern. Hier wurden die Kinder, die teilweise noch jünger waren als ich, zu ebenfalls solchen „Spielen" benutzt. Ich sah mir mit großen Augen diese Bilder an, ich hätte doch fortlaufen sollen, denn das, was ich da sah, bedeutete nichts gutes für mich.
Man merkte, dass ich nervös war, ich suchte mit meinen Augen immer wie-

der die offene Tür. Onkel Bert stand auf und verschloss diese Tür, meine einzige Chance, zu entkommen, war dahin. Ich versuchte trotz allem gefasst zu sein, ich wurde aufgefordert, mir ein Bild auszusuchen, aber ich konnte es einfach nicht, weil ich nicht wusste, was man damit bezwecken wollte.
Schließlich zwang man mich dazu, indem man mir drohte, eine Ohrfeige zu geben, nein, um Gottes Willen nicht das, und so entschied ich mich für ein Bild, was mir am harmlosesten erschien, ich zeigt auf ein Bild mit einer nackten sehr schönen Frau, die gefesselt war.
Ein kleiner Junge lag mit dem Gesicht in dem Schoß der Frau, die auf dem Rücken lag und zusah, wie der Mann hinter dem Jungen etwas machte, was man nicht erkennen konnte. Ein kleines Mädchen, das ebenfalls gefesselt war, küsste die Brust der Frau, während die Frau dem nackten Mädchen unten etwas hineinsteckte. Das war für mich noch das harmloseste Bild von allen, wahrscheinlich weil hier die Frau und das Mädchen abgebildet waren. Auf allen Bildern waren nur Männer und kleine Jungen sichtbar, diese peitschten sich teilweise sogar aus und steckten sich irgendwelche Gegenstände in den Hintern. Ob das alles so richtig war, ich bezweifelte das, und so gab ich ihnen die Zeitschrift zurück und zeigte mit dem Finger auf das von mir ausgesuchte Bild mit der Frau.
Sie sahen sich an und forderten mich auf, duschen zu gehen. Während wir duschten, musste ich abwechselnd ihren Pimmel in den Mund nehmen, sie bestanden darauf, solange daran rumzumachen, bis bei beiden diese salzige Flüssigkeit kam. Kurz bevor diese jeweils kam, hielt man meinen Kopf fest und befahl mir mit den Worten „los schluck" das hinunter zu schlucken.
Ich tat es und verschluckte mich fast dabei, denn ich empfand es einfach nur als ekelhaft. Danach durfte ich nicht einmal den Mund ausspülen. Man trocknete mich ab und cremte mich ein, dann legte man mir Mädchenkleidung hin, die ich anziehen sollte, was ich auch tat. Man hatte mir sogar eine Perücke gekauft, die man mir aufsetzte, man sagte mir, dass ich jetzt erfahre, was Mädchen so zu tun hätten, ich wäre jetzt ihre „Sklavin" und „Schlampe", ich hätte alles zu tun, was man von mir verlangte.
Ich sah sie fragend an, nein, wir tun dir nicht weh, wir fügen dir keinen Schmerz zu, denn es ist nur ein Spiel, so und jetzt komm mit. Man führte mich in ein Zimmer, indem es bis auf etwas Kerzenlicht völlig dunkel war, in dem Raum befand sich ein großer Tisch mit Fesseln.
In der Ecke stand eine Kommode, auf der viele Dinge standen, wie ich sie in

der Zeitschrift gesehen hatte. Und da war noch ein ganz großer Stuhl, ähnlich wie ich ihn schon einmal bei unserem Doktor gesehen hatte. Mir war nicht wohl dabei, man hatte mich kurz allein gelassen, nach einem kleinen Moment kamen beide wieder. Sie hatten sich schwarz glänzende kurze Hosen angezogen, die offen waren, man konnte ihre „Pimmel" sehen. Außerdem trugen sie beide eine Maske, und für mich hatte man auch eine mitgebracht, die man mir gleich aufsetzte.

Ich musste mich auf einen Stuhl setzten, den man so eingestellt hatte, dass ich darauf nicht saß, sondern lag, dann musste ich meine Schenkel öffnen und meine Beine legte man in diese Schalen, man fesselte mich anschließend mit einem dünnen Seil an diesen Stuhl.

Scheinbar gab es für alles noch eine Steigerung, aber das, was man dann mit mir machte, war das schlimmste, was ich je in meinem jungen Leben erlabt hatte.

Ich möchte an dieser Stelle bewusst auf weitere Details verzichten, weil ich es für nicht angebracht halte, Menschen, die sich an minderjährigen Kindern vergreifen auch noch unbewusst zu Lustgefühlen zu verhelfen."

Stattdessen spreche ich für viele andere an dieser Stelle:

Meine Hochachtung möchte ich den vielen Menschen überbringen, die oftmals den verwundeten Körper und Seelen dieser Kinder zur Seite stehen und versuchen, sie zu heilen.

Meinen Respekt gehört denen, die es geschafft haben, sich ihrer Pein nicht nur körperlich, sondern auch seelisch zu entledigen und ihren Platz und ihre Aufgabe in dieser Gesellschaft gefunden haben.

Meine Bewunderung spreche ich denen aus, die aus Liebe zu ihrem Partner mit ihnen einen harten und steinigen Weg gegangen sind. In der Gesellschaft, die leider immer noch nicht ganz frei von Vorurteilen ist.

Meine Verachtung haben Menschen, sowohl Erwachsenen als auch Jugendliche, die sich ohne über Folgen im klaren sind, sich an Kindern vergehen oder vergreifen ganz gleich, ob es sich um Misshandlung, Missbrauch oder Vergewaltigung an Kindern handelt.

Mein Wunsch ist es, ganz gleich, ob es sich um Lesben, Schwule, Transsexuelle, Transvestiten oder heterosexuelle Erwachsenen handelt, mit mir einer Meinung sind: **„Erwachsene sollten nur unter Erwachsenen spielen."**

Die Gier und die Lust des unersättlichen auf ein „Spiel" ohne Grenzen war es, dass zwei erwachsene Menschen einem Kind so etwas antaten, einem Kind, das eigentlich nur etwas Liebe und Zärtlichkeit sucht. Stattdessen nötigte, erpresste, missbrauchte und vergewaltigt man es.

Kapitel VI

Mein Glaube

Glaube an dich, und dir wird geholfen

Nach einer kleinen Verschnaufpause setzte ich mein Gespräch beim Professor fort:

„Mein Vertrauen zu erwachsenen Menschen war dahin. Ich war seelisch und körperlich am Boden, mir ging es nicht besonders gut.
Nachdem ich das Haus von Onkel Bert verlassen hatte, gab es für meinen Zustand keinen Ausdruck mehr. Ich stieg auf den Dachboden über dem Stall und war noch nicht einmal fähig zu weinen, ich starrte nur vor mich hin.
Während ich darüber nachdachte, was nun schlimmer sei, die Misshandlung von meinem Vater, oder der Missbrauch durch Onkel Bert und Onkel Uwe. Weinen half mir oft, über böse Dinge, die ich erlebt hatte, hinwegzukommen, aber so sehr ich mich auch bemühte, es ging in diesem Fall einfach nicht.
Es war ohne Zweifel beides sehr schlimm, aber wie sollte ich da jemals wieder rauskommen, ich wusste es nicht. Ich hoffte nur, dass ich es im Heim, zu dem ich am nächsten Tag reisen sollte, vielleicht besser haben würde.
Man durfte mir nun nichts anmerken, ich musste so natürlich wie möglich wirken, wenn ich zum Abendessen gehe.
Ich fühlte mich nicht gerade wohl dabei, das Erlebte vom Nachmittag zu verdrängen, mir tat alles weh und tief im Inneren fühlte ich mich sehr unwohl. Einfach nur schmutzig und ekelhaft empfand ich jetzt noch diese „Erwachsenenspiele", die mich noch zusätzlich nicht nur körperlich, sondern auch noch seelisch belasteten.
Was habe ich nur falsch gemacht, dass man so mit mir umging? Mit dieser unbeantworteten Frage ging ich total verängstigt zum Abendessen. Meine Mutter war so mit meinen Geschwistern beschäftigt, dass sie mir Gott sei Dank nichts anmerkte.
Ich wollte auch gleich zu Bett und begründete es damit, dass ich für morgen ausgeschlafen sein sollte. Aber ich konnte nicht einschlafen, zu sehr beschäftigte mich das heutige Erlebnis, es spielte sich alles noch einmal in meinen Gedanken ab. Anders als vorher konnte ich jetzt weinen, was war nur los mit mir, ich zitterte am ganzen Körper. Trotz allem bin ich kurze Zeit später auch tatsächlich eingeschlafen. Nur im Halbschlaf hatte ich bemerkt, dass meine Mutter wenig später noch nach mir gesehen hatte.
Die Aufregung war es wohl, die mich morgens früher wach werden ließ, und so sah ich an die Decke des Zimmers mit den Gedanken an die bevorstehende Reise, die ich nun anzutreten hatte. Wie es dort wohl sein wird, ob

ich wohl ein Zimmer für mich allein haben würde, oder sind wir mehrere Kinder in einem Raum. Vor allem auf die Spielsachen war ich gespannt, und hoffte, man würde Unmengen davon haben, oder was sollte man sonst den ganzen Tag machen? Dann fiel mir ein, ich musste mich ja noch von Tante Ida und von meiner Freundin Gabi verabschieden, das durfte ich auf keinen Fall vergessen, und so stand ich gleich auf.

Mutti war in der Küche am Frühstück machen, nachdem ich sie begrüßt hatte, ging ich gleich ins Bad, um mich frisch zu machen, als ich den Schlafanzug auszog, bekam ich einen Schreck, in der Hose befand sich ein Blutfleck. Das durfte niemand sehen. Nach kurzer Überlegung beschloss ich, die Hose später mit aus dem Haus zu nehmen, um sie zu verstecken, ich tat sie erstmal in den Korb für Schmutzwäsche nach ganz unten. Anschließend erledigte ich meinen Toilettengang, und auch hier befand sich Blut, man hatte mir so weh getan, dass ich blutete, wie sollte ich das erklären, wenn das jemand in der Familie bemerken würde?

Ich spülte schnell und wusch mich, Mutti hatte mir frische Wäsche hingelegt, diese zog ich dann an und tat Papier in die Hose, damit man nichts bemerkte. Etwas unwohl war mir schon dabei, aber ich hatte keine Schmerzen, also konnte das nicht so schlimm sein, jetzt durfte ich ja nicht anfangen zu weinen, das würde mich dann verraten. Mit eiskaltem Wasser im Gesicht versuchte ich es zu verhindern, was mir auch gelang.

Als ich am Tisch meinen Sitzplatz einnahm, tat mir mein kleiner Hintern so weh, dass ich kaum sitzen konnte, aber ich ließ mir nichts anmerken. Die Geschwister schliefen noch alle, und so frühstückte ich mit meiner Mutter allein, sie erzählte, was sie mir alles eingepackt hatte, und ich nickte jedes Mal, wenn sie mich fragend ansah.

Nachdem wir damit fertig waren, verließ ich das Haus und versteckte die Schlafanzughose auf dem Dachboden über dem Stall und ging zu Tante Ida, von der ich mich mit einem dicken Kuss verabschiedete. Sie drückte mich ganz fest und bat mich, gesund wieder zu kommen, ich versprach es ihr ganz fest.

Ich holte mein Fahrrad aus dem Stall und fuhr zu Gabi, die auf der Schaukel neben dem Hauseingang saß, denn sie hatte mich bereits erwartet.

Guten Morgen, ich lächelte sie an, sie gab mir einen Kuss und eine kleine Kette, die sie selbst gebastelt hatte. „Hier die ist für dich, und bitte komm bald wieder."

Die Kette war aus bunten Perlen und gefiel mir sehr. Gabi legte sie mir gleich an, mit einem Kuss bedankte ich mich bei ihr, sie sah mich mit großen traurigen Augen an. Ich nahm sie an die Hand, und dann gab sie mir einen Brief, den ich aber erst im Zug lesen sollte, natürlich versprach ich es ihr. Sie gab mir einen Abschiedskuss, und dann ging sie traurig ins Haus, ich sah ihr lange hinterher. Ich sah den Brief an und steckte ihn in meine Jacke, damit er nicht zerknitterte. Mit meinem Fahrrad in der Hand verließ ich das Grundstück.

Meine kleine Freundin Gabi, ich werde sie sicherlich genauso vermissen wie sie mich! Ich werde ihr auf jeden Fall eine Karte schreiben, da wird sie sich bestimmt darüber freuen.

Nachdem ich mich von meinen Geschwistern verabschiedet hatte, fuhren meine Tante und meine Mutter mich zum Bahnhof. Mutti nahm mich ganz fest in den Arm und weinte, sie gab mir meinen Koffer, dann lieferte sie mich bei einer auf dem Bahnhof stehenden Frau in Schwesternkleidung ab. Sie gab mir noch ein großes Kuvert mit meinen Unterlagen, Mutti sah mich noch einmal an und ging zu meiner Tante, die sich schon vorher von mir verabschiedet hatte. Die Schwester lächelte mich an, nahm mich an die Hand und wir stiegen dann zusammen in den Zug. Hier waren bereits einige Kinder, zu denen ich mich dann setzte.

An fast jedem Bahnhof stiegen weitere Kinder hinzu, während ich still auf meinem Platz saß, beobachtete ich die anderen Kinder und stellte dabei fest, dass ich mit Abstand das jüngste Kind war. Ich hatte meinen kleinen Koffer zwischen meine Beine gestellt und sah diesen an, während ich über die vielen Erlebnisse in der letzten Zeit nachdachte. Ich hoffte, die Zukunft würde es besser mit mir meinen, vor allem jetzt in diesem Heim, wo ich niemanden kannte.

Eine Hoffnung hatte ich. Die Schwestern, sie waren alle sehr nett, und zwar zu uns allen. Bestimmt würde ich mich mit der einen oder anderen etwas anfreunden, Hauptsache, man tat mir nichts Böses an. Etwas ängstlich war ich schon, so viele neue und unbekannte Gesichter zu sehen.

Meine Mutter sagte immer zu mir, wenn du immer höflich und freundlich bist, dann wird man auch so zu dir sein!

Wenn das tatsächlich so ist, warum fügen mir diese Menschen dann immer wieder Schmerzen zu, irgendwie verstand ich es nicht. Es waren immer wieder Männer, die mir Schmerzen zufügten, nur weil ich klein und schwach war, oder weil diese meine Höflichkeit nicht zu schätzen wussten. Ich hatte gelernt, mit wenig zufrieden zu sein, für mich gab es keinen Neid und wenn ich etwas besaß, dann habe ich es gerne mit anderen geteilt. Oder lag es daran, dass ich anders war als andere Kinder, ich gehörte weder zu dem einen, noch zu dem anderen Geschlecht, aber dafür konnte ich doch nichts.

Ob es den anderen Kindern, die auch eine Reise antraten, wohl genauso ergangen war, oder was hatte man ihnen furchtbares angetan, dass sie auch in dieses Heim geschickt wurden? Ich sah nach und nach in ihre Gesichter, kaum ein Lächeln war zu sehen, es war so ruhig, dass man eine Nadel hätte fallen hören. Alle hatten denselben traurigen Blick, egal, ob es nun ein Junge oder ein Mädchen war, man hatte ihnen allen sicherlich sehr weh getan, das fühlte und spürte ich in diesem Moment.
Überhaupt hatte ich aufgrund meiner Sensibilität ein sehr ausgeprägtes Feingefühl, ich spürte oftmals Vorgänge, die sich erst später bestätigten. Und während ich so sinnierte, fiel mir der Brief von meiner Freundin Gabi ein. Ich zog ihn aus der Jacke und öffnete ihn.

Meine Kleine!

Meine Eltern und ich wünschen Dir eine gute Reise, wir hoffen, dass es Dir in dem Heim hoffentlich besser ergeht als zu Hause.
Du bist wie eine Freundin, meine beste Freundin. Abends, bevor ich einschlafe, sehe ich aus dem Fenster und schicke Dir ein ganz liebes Küsschen. Ich warte auf Post von Dir.

In Liebe
Deine Freundin Gabi"

Kapitel VII

Das Kinderheim

Oftmals die letzte Rettung für Körper und Seele

Ich hatte kaum Zeit zum Luftholen, als ich beim Professor auf dem Sofa lag, ich musste einfach weiter erzählen:

„Es waren zwar nur wenige Zeilen, für mich aber bedeuteten sie sehr viel. Ich las den Brief immer und immer wieder, mit Tränen in den Augen erinnerte ich mich an unsere lustigen Nachmittage. Gabi ist eine tolle Freundin, und ich hatte ihr sehr viel zu verdanken, und wir liebten uns auf unsere Weise.

Im Gegensatz zu mir hatte sie eine völlig unbeschwerte Kindheit gehabt, unbeschreiblich liebe Eltern und ein wohl behütetes zu Hause. Ich war froh, eine solche Freundin zu haben.

Ich steckte den Brief in meine Jacke zurück und versprach ihr, ein paar Tage später zu schreiben.

Es war eine unheimliche lange Zugfahrt, es regnete bereits den ganzen Tag, aus den Fenstern brauchte man gar nicht zu sehen, man sah wegen des Regens ohnehin nichts.

Endlich war es soweit, nun standen wir hier auf dem Zielbahnhof, jeder mit seinem Koffer neben sich stehend, während die Schwestern die Vollzähligkeit der Kinder überprüfte. Hier wurden wir in kleinere Gruppen eingeteilt, die auch altersmäßig zueinander passten, Jungs und Mädchen getrennt.

Vor dem Bahnhof stand ein Bus, der uns zum Heim bringen sollte. Dann stiegen wir ein, wir waren knapp vierzig Kinder, miteinander zu reden war nicht erlaubt. Das Gepäck wurde gesondert in einen Lieferwagen zum Heim gebracht, während wir mit dem Bus fuhren. Es war Spätherbst, und es dämmerte, als wir im Heim ankamen, war es bereits dunkel.

Beim Verlassen des Busses wurden wir wieder gezählt, bevor wir in einem großen Raum voller Schränke wieder unsere Koffer entgegennahmen. Hier bekam jeder einen nummerierten Schrank, in welchem wir unsere Wäsche gleich einzuräumen hatten. Die Schwestern überprüften die Dinge, die wir mitgebracht hatten, jeder der fertig war, wurde einer kleinen Gruppe zugeteilt, der er von nun an angehörte.

So betreute jede Schwester eine Gruppe Kinder, die aus Mädchen und nahezu aus gleicher Anzahl von Jungen bestand.

Schwester Agnes war für mich bzw. für die Gruppe zuständig, der ich angehörte, sie war sehr hübsch, hatte dunkle Haare und braune Augen, ich beobachtete sie. Sie lächelte, während sie mit uns den Waschraum aufsuchte, denn Hände waschen war Pflicht vor allem vor den Malzeiten.

Dann gingen wir in den Speiseraum, und jeder bekam hier seinen Platz zugewiesen. Es waren große Tische, an denen jeweils zehn Kinder und eine Aufsichtsperson sprich Schwester saß.
Es gab hier acht große Tische für acht Gruppen Kinder und einen kleineren Tisch, an dem die Heimleitung, der Gärtner, der Koch und die Oberschwester saßen. Sie machte als einzige immer ein sehr ernstes Gesicht. Sie schien streng zu sein, und deshalb gab man auf ihre Anweisungen auch keinen Widerspruch!
Zum Abendessen gab es Milchsuppe und Schwarzbrot, wir saßen am Tisch und sahen uns an, so wie ich rümpften auch einige andere die Nase, denn diese Suppe sah sehr merkwürdig aus.
Nach dem Gebet musste diese Suppe gegessen werden und zwar von allen ohne wenn und aber. Die Oberschwester überzeugte uns davon, allein durch ihre energischen Blicke.
So eine schleimige Suppe hatte ich noch nie zuvor gegessen, und ich hoffte, dass es diese Suppe nicht allzu oft geben würde, ich mochte nicht darüber nachdenken, was da alles wohl drin sei.
Nachdem dann jeder seinen Teller auf einen Handwagen gestellt hatte und wieder Ruhe eingekehrt war, sprach die Oberschwester, was wir hier zu tun und zu lassen hätten. Fernsehen gab es nicht, stattdessen standen Gesellschaftsspiele ganz oben auf der Liste der Freizeit-Beschäftigungen.

Geweckt wurde morgens um sechs, Bettruhe war abends um 20.00 Uhr, der Tagesablauf wurde von den jeweiligen Schwestern bestimmt. Außerdem hatte jeden Tag eine andere Gruppe Tischdienst, das hieß Tische decken und das Geschirr in die Küche bringen.
Geduscht wurde grundsätzlich samstags, aber ich denke, das kannten alle von zu Hause her. Die Schlafräume von Jungen und Mädchen waren mit einer Tür getrennt, ansonsten waren es sehr große Räume mit jeweils über zwanzig Betten. Neben jedem Bett stand ein Stuhl, auf dem man die Kleidung ablegen sollte.
Die Schuhe waren grundsätzlich vor der Tür zu reinigen und im Vorflur gegen unsere mitgebrachten Hausschuhe, die sich in einem großen Regal befanden, auszutauschen.
Zum Abschluss bekam jeder sein Bett zugewiesen, denn es war Bettzeit und so hatten wir zu schlafen. Wir wurden dann zur absoluten Ruhe ermahnt, bevor die Oberschwester das Licht aus machte.

Nur schlafen konnte an diesem ersten Abend wohl kaum jemand von uns, das Neue war es, das ungewohnte, die Umgebung mit so vielen in einem Raum zu schlafen. Und doch hat uns die Müdigkeit irgendwann die Energie des Wachseins entzogen, obwohl ich zwischendurch mal wach wurde, fühlte ich mich am nächsten Morgen ausgeruht und ausgeschlafen. Das Waschen und Zähneputzen am Morgen mit so vielen Kindern war sehr ungewohnt, zumal man sich räumlich erst einmal zurecht finden musste. Aber auch daran gewöhnte man sich schnell.
Nach ein paar Tagen war auch die Tätigkeiten wie Mittagessen, Abendessen und unsere Nachmittage, an denen wir gemeinsam Spiele wie „Mensch ärgere Dich nicht", Halma oder ähnliches im Freizeitraum spielten, zur Gewohnheit geworden. Wenn das Wetter es zuließ, ging es in die freie Natur oder an den herrlichen Strand, der mit Steinen und Treibgut übersät war.
Hier sammelte ich Muscheln und Steine mit besonderen Formen und Farben. Schwester Agnes erklärte uns, dass es auch hier Ebbe und Flut gab, allerdings weitaus geringer als an der Nordsee, wo ich lebte. Es gab so viele Unterschiede zwischen Nord- und Ostsee, dass ich sehr darüber staunte, überhaupt wurden uns viele Dinge in der freien Natur erklärt.

Am spannendsten war der Besuch im Wasserschloss, es war hunderte von Jahren alt inmitten eines riesigen Sees. Eine kleine holprige Dorfstraße führte zum Schloss, vorbei an uralten Häusern. Über eine alte Zugbrücke gelangten wir zum Schloss, es war schon von weitem traumhaft anzusehen, aber jetzt, wo ich davor stand, war es einfach riesig.
Im Schlosshof standen zwei mächtige Kanonen, die früher zum Schutz und zur Verteidigung des Schlosses benötigt wurden.
Jeder Raum hatte seine Bedeutung und war eigens dafür eingerichtet. Jede Menge Räume gab es in dem Schloss. Der ausgedehnte Rundgang war für uns sehr beeindruckend. Die vielen alten Waffen, vor lauter Staunen sprach ich kein Wort. Nicht einmal die Folterkammern konnten mich aus der Ruhe bringen, aber gespenstisch war das schon alles. Etwas gruseliger war es in der Familiengruft, hier hatte ich schon etwas gemischte Gefühle, die vielen Särge, hier lagen ganze Generationen über hunderte von Jahren.
Es musste sicherlich viele Geschichten über dieses Schloss geben. Der ältere Mann, der uns durch das Schloss führte, hatte eine Kleidung an wie zur Zeit der Ritter und Gutsherren.
Ich habe noch sehr lange an diesen schönen Tag gedacht, mit all den wun-

derschönen Dingen die sich im Schloss befanden, es war ein tolles Erlebnis. Man hatte spaßeshalber das „Plumps-Klo" aus dem Mittelalter in einen Kleiderschrank umfunktioniert, und im Kleiderschrank stand eine Toilette, das fanden wir Kinder natürlich sehr lustig.

Dieser Nachmittag trug auch dazu bei, dass wir Kinder uns auch etwas besser kennenlernten, was in dem Kinderheim immer etwas schwierig war, zumal wir uns auch nicht so recht trauten. Die meisten von uns waren sehr schüchtern und zurückhaltend, jeden von uns stand eine Geschichte in den Augen geschrieben, meistens sicherlich eine traurige Geschichte!

Ich war, wie sollte es auch anders sein, das kleinste und jüngste Kind in dieser Gruppe, Schwester Agnes hatte deshalb ein besonders wachsames Auge auf mich.

Größere Jungs versuchten die Kleineren und schwachen oftmals zu unterdrücken, und deshalb hatte man stets in wachsames Auge auf die Kleinen, so wie ich es war. Mit den größeren Jungen wollte ich ohnehin nichts zu tun haben. Bei den Mädchen fühlte ich mich aufgehoben, hier fühlte ich mich einfach wohler.

Einige Jungen ärgerten mich deshalb, aber es interessierte mich wenig, das kannte ich schon von der Schule her, hier hänselte man mich auch oftmals. Ein größerer Junge half mir, wenn mich jemand ärgerte, so dass ich nichts zu befürchten hatte.

Es war das Unverständnis von Kindern, die solche Reaktionen auslösten, denn niemand wusste, wie man mit mir umgehen sollte, aber ich konnte es ihnen nicht erklären, weil ich es selbst nicht wusste. Und alles, was man damals nicht erklären konnte, war ein Tabuthema, für das selbst Erwachsene keine Erklärung hatten!

Hier im Kinderheim wollte man versuchen, unsere Seelenschmerzen zu lindern, das hatte uns Schwester Agnes erklärt, weil unsere Fragen, weshalb wir hier sind, sie ständig löcherten. Jedes von uns anwesende Kind hatte von zu Hause Probleme, man versuchte, diesen Problemen hier im Kinderheim mit viel Liebe und Rücksicht entgegenzuwirken und helfen zu vergessen.

Auf dem Weg zum Heim unterhielt ich mich mit Uschi, sie war vier Jahre älter als ich, hatte blonde Haare, und sie war fast einen Kopf größer als ich. Außerdem hatte sie sehr viel Ähnlichkeit mit meiner kleine Freundin Gabi, die ich jetzt sehr vermisste. Irgendwie fehlten mir alle, die ich gern hatte, ich glaube, das nannte man Heimweh, aber das hätte ich damals nie zugegeben. Auf jeden Fall freundete ich mich mit Uschi an. Erst unterhielten wir uns darüber, wo wir herkamen und was wir am meisten vermissten, und was wir zu Hause Böses erlebt hatten. Vom Wesen waren wir gleich, schüchtern und zurückhaltend. Ich überließ ihr den Anfang darüber zu sprechen, schließlich war sie älter als ich. Nachdem wir beide nun unsere Geschichte erzählt hatten, stellten wir fest, dass wir beide fast das Gleiche erlebt hatten. Diese fast identischen Erlebnisse brachten uns gegenseitige Sympathien, die uns bis zum Ende dieses Heimaufenthaltes zusammen schweißten.

Es war wie eine Geschwisterliebe, eine Art, die wir beide mochten, wir wurden wirkliche Freunde, und sie passte ebenfalls auf mich auf. Und immer wenn wir die Möglichkeit hatten, miteinander zu reden, so taten wir es. Sie war zu Hause die Jüngste, und sie hätte sich gern eine jüngere Schwester gewünscht. Und das obwohl ihr Vater keine Mädchen mochte. Ich war zu Hause der Älteste und hätte mir gern eine ältere Schwester gewünscht, dann wäre mein bisheriges Leben, wenn man es mal so bezeichnet, bestimmt anders verlaufen.

Wir waren beide gleicher Meinung, dass uns gewisse Umstände wohl ein besseres Dasein auf dieser Welt beschert hätte.

Meine Oma sagte zwar zu mir, alles im Leben hätte einen Grund, aber was sollte es für einen Grund haben, kleine wehrlose Kinder zu missbrauchen und zu misshandeln! Weder Uschi noch ich erkannten einen Sinn in diesen Taten, schließlich hatten wir den Erwachsenen, die uns dieses zugefügt hatten, nichts Böses getan.

Wir beschlossen, anders zu werden als diese Menschen, wir sahen es aus Kinderaugen, wir wollten zusammenhalten und füreinander da sein, um uns gegenseitig zu helfen.

Vielleicht war es falsch, immer nur das Gute in den Menschen zu sehen, aber das konnten wir damals nicht beurteilen, wir waren ja noch Kinder. Kinder, die hauptsächlich Liebe und Verständnis suchten, jedes von uns etwas anders, aber uns beide verband ein ganz besonderer Wunsch, einfach nur akzeptiert zu werden so wie wir waren.

Schwester Agnes war es, die mich eines guten Tages fragte, warum ich immer mit Mädchen spielen würde. Ich wäre doch ein Junge, und Jungen spielen eigentlich ja nun mal mit Jungen. Ich sah sie mit großen Augen an, mit dieser Frage hatte ich nicht gerechnet, ich vertraute ihr dann allerdings an, dass ich lieber ein Mädchen sein möchte.

Sie sah mich an und lächelnd bemerkte sie dann: „Du bist ja etwas ganz besonderes, meine Süße. Hoffentlich wird dein Wunsch in Erfüllung gehen."
Ich denke, das hat sie schon gewusst,
für jedes Kind war eine Akte vorhanden und da stand es sicherlich drin. Sie ließ mich weiterhin mit Mädchen spielen, das fand ich sehr toll. Man ging auf die Wünsche der Kinder ein.
Die Zeit im Heim war für mich eine unvergesslich schöne Zeit. Uschi und ich waren fast unzertrennlich, wir zeigten auch, dass wir uns mochten, indem wir meist händchenhaltend anzutreffen waren. Niemand sagte etwas dagegen, Schwester Agnes fand uns zwei einfach süß, sie lächelte mich immer an. Und wenn wir allein waren, sagte sie immer „meine Süße" zu mir, während sie mir gleichzeitig mit der Hand über mein Gesicht streichelte.
Sowohl Schwester Agnes als auch die anderen Schwestern waren immer sehr nett zu mir, um mich vor den anderen Jungen zu schützen, durfte ich später immer bei den Mädchen duschen. Das gefiel mir sehr, ich hoffte nur, dass ich bald diesen kleinen Unterschied, der sich noch in meiner Hose befand, bald los werden würde. Schwester Agnes sagte zu mir, das würde etwas länger dauern und ich sollte doch mal bei unserem Arzt nachfragen, ob er mir dabei behilflich sein könnte.
So sehr ich auch betete und hoffte, es war vergebens. Wenn ich morgens wach wurde, war es immer noch da, und ab jetzt wollte ich nur noch mit unserem Arzt sprechen, für mich war es ein kleiner Lichtblick.

Die sechs Wochen in dem Kinderheim gingen leider sehr schnell vorüber, meine Abreise wurde vorbereitet, auch für den wesentlichen Teil der Kinder war die Zeit nun vorbei, und es ging wieder zurück nach Hause. Obwohl es nur ein Heim für Kinder war, und diese oftmals keinen guten Ruf hatten, ich jedoch fühlte mich hier sehr wohl, es sollte ein Teil der schönsten Zeit meines Lebens werden.
Am nächsten Tag sollte morgens früh die Abreise sein, das meiste hatte ich schon am Vortag gepackt, die letzten wenigen Stunden wollte ich mit Uschi verbringen. Wir versprachen uns zu schreiben und wenn möglich auch gegenseitig zu besuchen. Ihre Zeit war noch nicht vorbei, sie blieb noch zwei Wochen im Heim, ich wäre auch gern länger geblieben, aber Schwester Agnes meinte, dass es nicht gehen würde, meine Zeit sei nun um.
Ich war sehr traurig darüber, es gab außer uns auch Kinder in diesem Heim, die hier ständig lebten, weil sie entweder keine Eltern mehr hatten, oder sie

hier besser aufgehoben waren als zu Hause. Nach dem Frühstück mussten wir die letzten Sachen packen. Als ich mich von Uschi verabschiedete, umarmten wir uns ganz fest, ich gab ihr noch einen kleinen Brief, wir sahen uns beide ganz traurig an. Wir gaben uns einen Abschiedskuss, und ich musste dann gehen. Den Schwestern musste man zum Abschied der Reihe nach die Hand geben.
Bis auf Schwester Agnes, sie beugte sich zu mir herunter, gab mir einen Kuss und sagt: „Tschüss, meine Süße, pass auf dich auf."

Die Schwestern, die uns nun zum Zug begleiteten, waren von einem anderen Heim und hatten bereits am Vortag neue Kinder zur Erholung gebracht. Sie waren also auf dem Rückweg, während sie uns wieder an den einzelnen Bahnhöfen in die Arme unserer Angehörigen abzuliefern hatten. Auch sie waren alle sehr nett, aber ich war trotzdem traurig und dachte an Ursula und wie es ihr wohl ergehen würde, wenn sie wieder zu Hause ist.

Sie hatte viel schlimmes erlebt, erst war ihre Mutter gestorben, dann fing ihr Vater an zu trinken und stritt sich ständig mit ihrem bereits volljährigen Bruder. Der hielt es eines Tages nicht mehr aus und zog zu Hause aus. Uschi hat ihn seitdem nicht mehr gesehen, angeblich fuhr er zur See auf einem ganz großen Schiff. So etwas fand ich sehr traurig, wenn sich eine Familie auflöst, ohne es überhaupt zu verstehen, wieso, weshalb, warum.
Ihr Vater trank danach noch mehr, er fing an, Uschi zu schlagen, anfangs nur, wenn er betrunken war, danach immer öfter und schließlich bei jeder Gelegenheit. Sie musste die ganze Hausarbeit allein machen, durfte keine Freundinnen mit nach Hause bringen, zum Schluss blieb sogar ihre Verwandtschaft fern.
Alle hatten vor ihrem Vater Angst, und da sie ihm mit nichts entgegen wirken konnte, tat er mit ihr, was er wollte, er schlug sie, wie es ihm beliebte. Auch hier waren es die Lehrer, die ihr versuchten zu helfen, blaue Flecke auf ihren Körper, die man während des Sportunterrichts entdeckte.
Sie deuteten auf eine Misshandlung hin, der Missbrauch an ihr wurde viel später entdeckt.
Auch sie hatte sich bis zuletzt gewehrt, etwas über den Missbrauch preis zugeben. Offensichtlich aus den gleichen Gründen wie ich, es hatte bei ihr so tiefe seelische Wunden hinterlassen, dass sie nicht in der Lage war, mit jemandem darüber zu sprechen. Vielleicht war ein Schweigen über solche

Geschehnisse ein Schutz, um sich ein letztes Stück Kindheit zu bewahren. Im Heim hat man uns gebeten, bei erneuten Misshandlungen oder Missbrauch, Nachbarn oder Freunde zu informieren.
Falls man nicht die Möglichkeit hatte, zu einem Arzt oder zur Polizei gehen zu können. Ich hoffte nur für sie, dass sie nie wieder in eine solche Situation kommen würde.
Uschi hatte es geschafft, sich zu befreien, lag es vielleicht daran, dass sie älter war als ich? Ich musste versuchen, mich ebenfalls von dem Missbrauch zu befreien, ich konnte das nicht mehr lange aushalten, das wusste ich. Der Gedanke allein erfüllte mich mit Ekel, es wurde ja immer schlimmer, ich musste jemanden finden, der mir helfen konnte. Aber sowie Uschi erzählte, musste man alles erzählen, alle Einzelheiten und dazu gehörte viel Mut und ob ich den aufbrachte, ich konnte es mir selbst nicht beantworten.

Als ich spät nachmittags aus dem Zug stieg, nahm mich die Schwester an die Hand und brachte mich zu meiner Mutter, die mich bereits auf dem Bahnsteig erwartete. Sie umarmte mich, und wir freuten uns sehr, dass wir uns wieder hatten, bevor die Schwester sich verabschiedete, gab sie meiner Mutter einen Briefumschlag für den Arzt.
Meine Tante war auch dabei, und auch sie empfing mich ganz herzlich, sie war etwas mollig und drückte mich immer so an sich, dass ich kaum Luft bekam.
Während der Fahrt nach Hause erzählte ich meiner Mutter und meiner Tante über das Heim und was ich alles erlebt hatte. Und dass es mir doch sehr gut gefallen hätte, dann erzählte ich von Uschi und dass ich sie wiedersehen möchte.
Meine Geschwister durften auf bleiben, bis ich zu Hause war, ich hatte für jeden etwas mitgebracht, Süßigkeiten, die ich gleich an sie verteilte. Meiner Mutter hatte ich eine große Muschel mitgebracht. Wir aßen alle noch etwas zum Abendbrot, und danach ging es für uns Kinder gleich zu Bett, die lange Zugfahrt war doch etwas anstrengend und so schlief ich auch bald ein."

Kapitel VIII

Wieder zu Hause

Fremd in der eigenen Familie

Ich setzte nach einer kleinen Pause meinen Bericht beim Professor fort:

„Heute war Sonntag, und ich ging wieder meiner gewohnten Arbeit in den Ställen der Tiere nach, ich freute mich sehr, diese wieder zu sehen, ich streichelte und begrüßte sie.
Nach dem Füttern ging ich in die Küche zum Frühstücken, meine Mutter saß bereits am gedeckten Tisch und gab mir heißen Kakao, meine Geschwister schliefen noch, und so hatte sie Gelegenheit, mit allein zu sprechen, ohne dass uns jemand störte. Sie sah mich an und nahm meine Hand, ich merkte, dass ihr dieses Gespräch sehr schwer fiel, ihr standen Tränen in den Augen, es tat mir weh, sie so zu sehen.
Ich liebte meine Mutter über alles auf dieser Welt, sie beschützte mich, wo es auch ging, auch wenn es aufgrund der vielen Kinder schwierig war.
„Mein Kind, dein Vater ist nicht immer gerecht, aber wir sind eine Familie, die Zeiten sind nicht einfach. Aber für das, was dein Vater dir angetan hat, wurde er bestraft, er hat mir versprochen, dir so etwas nicht wieder anzutun und sollte irgend etwas sein, sagst du es mir."
Ich versprach es, weiter teilte sie mir mit, dass mein Vater im Lauf der Woche wieder nach Hause kommen würde und sie hoffte, dass von nun an alles besser werden würde.
Mein Vater war ja auch noch da, ich hatte ihn schon so weit verdrängt, dass ich gar nicht mehr an ihn dachte. Ich dachte über die Worte meiner Mutter nach, kaum zu glauben, was mein Vater ihr versprochen hatte. Es war ein Versprechen, welches er nie einhalten würde, das wusste ich und jeder, der ihn kannte, denn im Prinzip war es nur eine Frage der Zeit, wann er mich wieder misshandelte. Diese Zeit wird kommen, auch wenn ich mich oftmals geirrt hatte, aber in diesem Fall war ich mir sehr sicher. Ich sagte nur noch zu meiner Mutter, ich hoffte, dass sie Recht behalten würde.
So nach und nach kamen meine Geschwister zum Frühstück, ich hatte ihnen viel zu erzählen, vor allem aber hatte es ihnen der Besuch im Schloss angetan. Wir verbrachten den ganzen Morgen in der Küche, so dass wir zum Mittagessen nur noch den Tisch deckten. Nach dem Essen wollte ich meine kleine Freundin Gabi mit einem Besuch überraschen, und so half ich meiner Mutter beim Abwasch und ging.
Als ich angekommen war, öffnete mir Gabi die Tür und sie strahlte mich mit großen Augen an, wir gaben uns erst einen Kuss, bevor ich ihren Eltern einen guten Tag wünschte. Sie freuten sich ebenfalls, dass ich wieder da

war. Ihre Mutter bestand darauf, dass ich bis zum Kaffee blieb, ich freute mich natürlich sehr darüber. Ich folgte Gabi in ihr Zimmer, und wie immer setzten wir uns auf ihr Bett und sie bat mich zu erzählen, wie es so ist in einem Heim. Und ich erzählte ihr, was ich alles erlebte hatte und berichtete von Uschi, meiner künftigen Brieffreundin, die ihr so leid tat, weil sie von ihrem Vater ähnlich wie ich misshandelt wurde.
Gabi war sehr traurig darüber, dass es auch Mädchen gab, denen so etwas zufügt worden war, und so beschlossen wir beide, ihr zu schreiben, denn darüber würde sie sich sicherlich freuen.
Dann gab Gabi mir einen Kuss und sagte: „Danke, meine Kleine, für die Postkarte und den Brief, ich habe mich sehr darüber gefreut."
Sie hatte beides mit Heftzwecken an die Wand gespickt, und daneben war ein Foto von uns beiden. Ich wollte sie gerade fragen, woher sie das Foto hatte, dann lächelte sie und gab mir das selbe Foto, ihre Mutter hatte es letzten Herbst gemacht. An dem Abend hatten wir am Laternenumzug teilgenommen, ich freute mich sehr über dieses Foto von uns beiden und gab ihr einen Kuss.
Wir wurden von Gabis Mutter zum Kaffee gerufen, das ließen wir uns nicht zweimal sagen, es gab frisch gebackenen Apfelkuchen, das konnte man im ganzen Haus riechen. Wir machten uns auch gleich darüber her, der Kuchen war einfach lecker, und es gab Schlagsahne und heißen Kakao dazu.
Auch ihren Eltern erzählte ich, wie es im Heim war, über den Besuch im Schloss und über die ekelhafte schleimige Milchsuppe, die es übriges jeden Abend gab. Wir lachten herzlich darüber.
Kaum jemand mochte sie, aber alle haben sie gegessen, ohne Ausnahme. Aber auch nur, weil die Oberschwester ständig bei den Mahlzeiten anwesend war, und trotzdem fand ich es im Heim toll.
Es war für mich Zeit zu gehen, ich bedankte mich sehr herzlich für Kakao und Kuchen, aber ich musste jetzt gehen. Die Tiere musste ich noch versorgen, und ich musste mich auf den morgigen Schultag vorbereiten. Gabi brachte mich noch wegen des Kusses bis vor die Tür, und so fuhr ich dann nach unserem Abschiedskuss mit dem Fahrrad nach Hause.
Die abendliche Fütterung der Tier dauerte nicht so lang wie morgens. Bei Tante Ida öffnete aber niemand die Tür, als ich bei ihr klingelte, vielleicht war sie einfach nicht da, und so ging ich wieder.
Während des Essens teilte mir meine Mutter mit, dass Tante Ida und Onkel Willi zu ihrer Schwester gefahren wären, ich fand es schade, denn ich hätte

die beiden gerne wieder gesehen. Nach dem Essen packte ich meine Schultasche für den morgigen Tag und ging zu Bett, allerdings konnte ich nicht gleich schlafen, ich musste an Uschi denken, wie es ihr wohl gehen würde. Ich hatte ihr in meinem kleinen Brief unter anderem auch meine Adresse aufgeschrieben, ich hoffte deswegen nun auf baldige Post von ihr.

Außerdem beschäftigte mich noch der morgige Schultag, aufgrund der Erholungsferien wurde ich nicht mit meinen Schulkameraden versetzt, ich sollte das Schuljahr wiederholen. Also kam ich in eine völlig andere Klasse, ich hoffte zumindest, jemanden aus der neuen Klasse zu kennen, ach ja, neue Lehrer gab es dann ja auch noch.
Ich war sehr neugierig auf das, was mich erwarten sollte.
Am nächsten Tag kam ich gegen 13.00 Uhr aus der Schule, und meine Mutter war gespannt, wie es nun wohl in der Schule war. Es war alles in Ordnung, es würde wohl eine kurze Zeit dauern, bis ich mich hier eingefügt hatte. Und die Lehrer waren alle sehr nett, besonders der neue Klassenlehrer. Das würde bestimmt ein gutes Schuljahr werden, meine Mutter war froh über diese Antwort. Trotz der vielen Arbeit zu Hause habe ich meine Schularbeiten immer gemacht, meine schulischen Leistungen wurden mit der Zeit auch wieder besser.
Ich ging ja auch gern zur Schule, ich hatte mich unter anderem zum Werken und zum Kochen eingetragen, das fand abwechselnd alle vierzehn Tage statt. Die einzelnen Bereiche wurden als „AG" bezeichnet. Es gab hier einige Möglichkeiten, eine besondere Begabung der Schüler zu fördern. Als Schüler konnte man feststellen, ob man tatsächlich für solche Interessen, die man anstrebte, auch geeignet war.
Beim Kochen waren nur Mädchen anwesend, ich fühlte mich hier sehr wohl. Ich kochte nicht nur sehr gern, ich interessierte mich sogar ernsthaft dafür. Es machte auch sehr viel Spaß, aus „nichts" eine leckere Speise zuzubereiten, meine Mutter unterstützte mich auch zu Hause. Wenn sie kochte, erklärte sie mir alles, so dass ich es nächstes Mal probieren durfte. Die Mädchen aus dieser „Koch-AG" waren alle sehr nett zu mir, und ich freute mich, zu ihnen gehören zu dürfen.
Aber auch handwerklich war ich äußerst geschickt, und so trat ich noch zusätzlich in die „Werken-AG" ein. Von wem ich allerdings diese Fähigkeiten geerbt hatte, war mir nicht ganz klar, von meinem Vater hatte ich sie jedenfalls nicht geerbt. Überhaupt war ich froh, nichts von meinem

Vater geerbt zu haben, außer das Geschlecht, und selbst das lehnte ich ja entschieden ab.

Mein Vater war inzwischen auch wieder zu Hause, wir konnten uns nicht ansehen, ich spürte seine Verachtung mir gegenüber. Auch meine Mutter spürte das, und so wurde mir von meiner Mutter ein neuer Platz am Tisch zugeteilt. An dem einen Ende saß mein Vater, und am anderen ich, in der Mitte meine Mutter. So hatte ich zumindest beim Essen meine Ruhe vor ihm, denn ich war außer Reichweite, seine Armlänge reichte nicht, mir eine Ohrfeige zu geben, wenn ihm etwas nicht passte.
Ich hatte Angst vor meinem Vater, sehr viel Angst, und das wusste er. Sobald er laut wurde, fing ich an zu zittern, egal aus welchem Grund es auch war. Mein Vater brauchte mich nur mahnend anzusehen, denn sein Blick ging mir durch Mark und Bein. Ich wurde mit derartigen Situationen einfach nicht fertig, und sobald ich allein war, weinte ich deshalb.
Tante Ida, die leider nicht da war, konnte ich mich nicht anvertrauen, ich vermisste sie sehr.
Ich zog mich wieder in meine kleine heile Welt zurück, während meiner wenigen Freizeit, die ich hatte, ging ich an den Strand. Und so suchte ich wie so oft die Ruhe und Einsamkeit. Dieser Zustand tat mir immer sehr gut, ich war es gewohnt, wenn es darauf ankam, letztlich doch allein zu sein.
Jetzt, wo mein Vater wider anwesend war, musste ich auch sehr viel zu Hause arbeiten, mehr als sonst. Und egal, was ich machte, ich konnte ihm nichts recht machen. Seine ständigen Drohungen, mich zu erschlagen, wenn ich die Arbeiten nicht zu seiner Zufriedenheit erfüllte, machten mich nicht nur nervös sondern auch sehr traurig.
Mein Vater hatte sich nicht verändert, im Gegenteil, ich spürte innerlich, dass er nur auf eine Gelegenheit wartete, mir etwas anzutun. Es war nur noch eine Frage der Zeit, das wusste er und auch ich.
So eine erneute Konfrontation war nicht zu verhindern, zumindest nicht von meiner Seite her, also musste ich vor ihm auf der Hut sein, vor allem, wenn er betrunken war, wollte ich ihn meiden.
Wird schon „schiefgehen", dachte ich so bei mir, mehr wie erschlagen konnte er mich nicht, vielleicht war es auch eine Erlösung für mich.
Endlich diesem Martyrium zu entkommen, aber es war ein sehr hoher Preis, den ich zu zahlen hätte. Wie oft hatte ich mir schon gewünscht, einfach tot zu sein, weil ich es einfach nicht mehr aushalten konnte.

Ich ertrug es nicht mehr, einerseits misshandelt zu werden und andererseits auch noch aufs übelste missbraucht zu werden.

Bisher hatte es das Leben nicht gerade gut gemeint mit mir, bei diesen Gedanken bemerkte ich, dass ich vom Thema abgekommen war. Ich war bei meinem Vater, ach ja, ich musste nur darauf achten, dass ich außer seiner Reichweite blieb. Wenn er mich erst einmal mit seinem festen Griff und diesen großen Händen hatte, war es vorbei, dann wäre ich ihm ausgeliefert gewesen.

Allein der Gedanke daran ließ mich erschauern, das letzte Mal hatte er mir schon sehr viel Schmerzen zugefügt, aber wenn es ein nächstes Mal gab, dann hätte das sicherlich weitaus schlimmere Folgen für mich.

Ich hatte ja zwischenzeitlich erfahren, dass er wegen der Misshandlungen an mir ins Gefängnis musste, jeder wusste, dass er schon allein deshalb einen neuen Grund hatte, mir erneut etwas anzutun. Hilfe war wieder erst zu erwarten, wenn es passiert war, ich befürchtete allerdings beim „nächsten Mal" wesentlich schlimmer davon zu kommen.

Es vergingen Wochen und Monate, und die Lage spitzte sich allmählich zu. Dieser ständige Druck machte mich nicht nur nervös, meine Leistungen in der Schule ließen auch nach, mein Klassenlehrer rügte mich dafür, er drohte deshalb, meine Eltern aufzusuchen. Oh, Gott dachte ich, das auch noch, wie konnte das sein, dass ich schon wieder solche Probleme hatte.

Als ich dann von der Schule nach Hause kam und das Fahrrad im Schuppen abstellen wollte, saß mein Vater auf einer Bierkiste und schrie mich an. Das Futter für die Kaninchen war ausgegangen, ich sollte umgehend neues beschaffen, und bevor ich etwas sagen konnte, hatte ich eine Ohrfeige von ihm bekommen. Meine Mutter hatte es durch das offen stehende Küchenfenster mitbekommen und stand plötzlich zwischen uns, sie warnte meinen Vater, mich in Ruhe zu lassen. Außerdem sollte erst etwas gegessen werden, bevor ich das Futter holen sollte.

Mein Vater blieb draußen im Schuppen, während wir alle zu Mittag aßen, er wollte nichts essen. Allen Anschein war er schon angetrunken von der Arbeit gekommen, wir wussten, dass man ihm heute am besten aus dem Weg gehen sollte. Er würde erst aufhören zu trinken, wenn alle vorhandenen Flaschen leer waren, am besten wäre es, die Arbeit zu machen und nichts zu ihm zu sagen, worüber er sich hätte aufregen können.

Während ich die Arbeiten erledigte, die mir mein Vater aufgetragen hatte, sah er mir dabei zu. Er wurde zwar laut und ungehalten, wenn es ihm nicht schnell genug ging, aber es hielt sich alles in Grenzen. Danach sollte ich meine Schularbeiten machen. Ich machte mich dann auch ganz schnell aus dem Staub, bevor er es sich wieder anders überlegen würde. Und so ging ich ins Haus und machte meine Schularbeiten, es war heute nicht allzu viel, so dass ich etwa nach einer Stunde fertig war.

Das Wetter war gut, und so beschloss ich zum Angeln zu gehen. Ich packte mein Angelzeug und etwas zu trinken und essen ein, und weg war ich. Meine Mutter hatte mir erlaubt, bis zum Abend weg zu bleiben, und so hatte ich immerhin noch drei Stunden, die ich zum Angeln nutzen konnte. Etwas abseits in einem Priel gab es viele Aale und Butt, hier wollte ich mein Glück versuchen, auch diese Ruhe war hier einfach herrlich. Und so genoss ich diese wenigen Stunden am Wasser.

Ich hatte wenig Glück, denn heute hatten nur einige Krebse, die ich wieder ins Wasser hineinwarf, Interesse an meinen Ködern gezeigt, und auch sonst zeigte sich kein Fisch heute. Das nächste Mal hätte ich vielleicht mehr Erfolg, und so packte ich meine Sachen zusammen und fuhr nach Hause, meine Familie war schon am Abendessen und ich setzte mich dazu. Nach der Frage, wo mein Vater war, hieß es, er sei mit dem Auto weggefahren, das bedeutet nichts gutes, wenn er angetrunken unterwegs war.

Wir waren längst im Bett und schliefen, als wir durch einen lauten Knall geweckt wurden, es hörte sich wie ein Gewitter an. Es störte mich nicht sonderlich, und so drehte ich mich um und schlief weiter. Dann hörte ich Streit und Lärm im Haus, denn meine Mutter stritt mit meinem Vater, der anscheinend wieder einmal das Geschirr an die Wand geworfen hatte.

Meine Geschwister wurden ebenfalls wach, teilweise weinten sie, ich versuchte, sie zu beruhigen, nicht dass mein Vater auch noch auf die Idee kommt, bei uns Kindern nachzusehen, dachte ich so bei mir. Meine Mutter kam zu uns, und ich half ihr, meine Geschwister anzuziehen und dann verließen wir mit meiner Mutter eilig das Haus, während mein Vater immer noch damit beschäftigt war, einen Teil der Möbel zu zerschlagen.

Keine Nachbarn würden uns aufnehmen, dafür hatten sie alle viel zu viel Angst vor meinem Vater. Das war verständlich, wer würde schon freiwillig so einen Irren ins Haus holen.

Es war August, und wir flüchteten in das angrenzende Kornfeld, hier würde uns mein Vater nicht finden. Er war dabei, in der Küche alles zu zerschlagen: Möbel, Geschirr, sogar eine Fensterscheibe ging zu Bruch, als er einen Stuhl hindurch warf. Und so hatte er nicht einmal bemerkt, dass wir das Haus schon längst verlassen hatten. Es war für uns einfach fürchterlich, das mit anzusehen und anzuhören.

Irgendwann im Morgengrauen weckte uns unsere Mutter, wir konnten wieder ins Haus zurück, denn unser Vater war eingeschlafen, wir brauchten keine Angst mehr zu haben. Wir gingen alle ins Bett, hier war es doch wesentlich gemütlicher und wärmer als im Kornfeld. Am Morgen holte die Tante uns ab, meine Mutter unterhielt sich mit ihr, während sie zwischendurch immer wieder weinte.

Mein Vater hatte mit dem Auto einen Unfall gebaut, er war mit dem Auto in dem vor dem Haus befindlichen Graben gefahren. Meine Mutter wollte uns vor weiteren Geschehnissen schützen und ist deshalb mit uns zur Tante gefahren. Zur Schule brauchte ich nicht zu gehen, und so spielten und angelten wir den ganzen Tag.

Meine Mutter hatte einige Male mit der Polizei telefoniert, und so gingen wir dann am späten Nachmittag nach Hause.

Mein Vater war nicht da, die Polizei hatte ihn längst geholt. Das Auto stand schwer beschädigt auf unserem Grundstück.

Tante Ida und Onkel Willi waren bereits am Vortag abends wieder zu Hause angekommen. Ich freute mich sehr darüber, sie wieder zu sehen, wenn jetzt etwas war, wusste ich, wohin ich gehen konnte. Dann kam Tante Ida und wollte meiner Mutter beim Aufzuräumen helfen. Onkel Willi half uns, die Tiere zu versorgen, das heißt, das, was noch übrig war, den größten Teil hatte mein Vater totgeschlagen, alles, was er in die Finger bekam. Auf dem ganzen Grundstück waren tote Hühner, Enten, Gänse und Kaninchen verteilt. Ich konnte es kaum fassen, er hatte vor nichts Halt gemacht, bis auf die Schweine auf der Weide, die hatte er nicht angerührt.

Während Onkel Willi die Schweine fütterte, grub ich eine Grube für die vielen toten Tiere. Sogar der Hund lag erschlagen im Schuppen, wie konnte man so etwas nur tun? Tiere zu schlachten, um sie zu essen, das musste sein, damit konnte ich auch umgehen, aber einfach so sinnlos zu töten wegen nichts und wieder nichts, das verstand ich nicht. Für mich war das mehr als nur traurig, denn ich liebte unsere Tiere sehr. Die meisten dieser Tiere hatte ich selbst groß gezogen. Was war das nur für eine Verschwendung sagte Onkel Willi zu mir, was veranlasst deinen Vater, nur so etwas zu tun und schüttelte dabei den Kopf.

Als wir mit der Arbeit fertig waren, saßen Onkel Willi und ich wortlos auf der

Bank vor dem Schweinestall, während ich weinte, sagte er zu mir: „Besser die Tiere als du, mein Kind." Dann nahm er mich bei der Hand, und wir gingen ins Haus hinein. Meine Geschwister hatten bereits gegessen und lagen schon im Bett, an einem kleinen Tisch saßen wir nun und sahen uns an, besser gesagt, man sah mich an. Tante Ida hatte in ihrem Haus belegte Brote gemacht, hier gab es nichts mehr, was man verwenden konnte. Und während wir aßen, unterhielt man sich über meinen Vater. Onkel Willi meinte, dass mein Vater in die Irrenanstalt gehöre, denn normal ist das nicht, was er uns ständig antat.

Man legte meiner Mutter nahe, sich von meinem Vater zu trennen, bevor noch viel schlimmeres passieren würde. Aber mehr wie Tränen brachte meine Mutter in diesem Moment nicht heraus.

Mein Vater war er einmal wieder für ein paar Tage weg, und so kam die Familie wieder etwas zur Ruhe, und für den Rest der Woche brauchte ich auch nicht zur Schule.

Es gab genug zu Hause zu tun, und so half ich bei der Gartenarbeit. Im Dorf hatte es sich bereits herumgesprochen, was mein Vater angerichtet hatte. Meiner Mutter war dieses mehr als peinlich, und so schickte sie mich anfangs immer zum Einkaufen, bis etwas Zeit vergangen war. Es dauerte auch eine Zeit, bis die Nachbarskinder wieder mit uns spielten, außer meine kleine Freundin Gabi, sie war sofort am nächsten Tag da und wollte sehen, wie es mir ging. Ihre Mutter brachte Kuchen mit, und so unterhielten sich unsere Mütter, während wir nach unserem Kakao raus gingen zum Spielen.

Ich zeigte Gabi ein paar junge Kaninchen, die das „Massaker" meines Vaters überlebt hatten, sie waren nur wenige Tage alt, noch blind und nackt. Insgesamt mussten über zweihundert Tiere ihr Leben lassen.

Nachdem ich Gabi alles erzählt hatte, war sie sehr erschrocken über diese Art und Weise, wie die Tiere umkamen. Wir unterhielten uns noch sehr lange darüber, und ich sagte immer wieder, dass mein Vater sich nie ändern würde, ich hoffte nur, dass es nicht noch schlimmer werden würde mit ihm. In Sachen Alkohol würde man mit meinem Vater nie übereinkommen, das wusste jeder, der ihn kannte, meine Mutter suchte allerdings nach wie vor immer nur das Gute in ihm.

Aber wo sollte sie hingehen mit fünf Kindern, so schnell würde sie keine Möglichkeit finden, aber wir alle hatten deswegen kein berauschendes Elternhaus. Ich fragte mich, was musste noch alles geschehen?"

Kapitel IX

Mein Lehrer

Die Flucht in das Wissen

Meine Erzählung nahm kein Ende, und so fuhr ich fort:

„Wenige Tage später war mein Vater wieder da, anfangs war es so wie immer, er hielt sich sogar mit Alkohol und Aggressionen zurück, doch nach ein paar Tagen fing er wieder an zu trinken und zu schlagen.
Meine Mutter sagte immer zu ihm, wenn er sie schlagen würde, dann würde sie ihn verlassen, und tatsächlich hielt er sich zurück!
Mein Lehrer sagte mir eines Tages, er müsse aufgrund meiner schlechten schulischen Leistungen dringend mit meiner Mutter sprechen. Das nun auch noch, gerade an diesem Tag, an dem mein Vater nach Hause zurückgekehrt war.
Nicht wegen meines Lehrers, mein Vater konnte ekelhaft sein, aber es blieb bei einer friedlichen Unterredung mit meinen Eltern, mir fiel ein Stein vom Herzen. Es wurde mir dann anschließend mitgeteilt, dass ich drei Mal die Woche bei meinem Klassenlehrer die Ponys verpflegen dürfte, aber auch reiten könnte. Darüber freute ich mich natürlich sehr, denn für mich war es eine tolle Abwechslung, weil ich an diesen Tagen auch zum Abendessen bei dieser Familie bleiben durfte.
Ich lernte sehr viel über Pferde, und so manches Mal war ich froh, zumindest ein Pferd als „Freund" zu haben, man konnte mit ihnen über alles reden, ohne dass man getadelt wurde.
Der Geruch dieser Tiere war sehr eigen, und mit der Zeit mochte ich ihn, wie die Tiere allgemein, mit denen ich aufwuchs. Ich hatte gelernt, jedes Tier respektvoll zu behandeln, auch wenn es manchmal nur zur Ernährung diente. So wie die Menschen, so waren auch die Tiere immer anständig zu behandeln, das hatten wir bereits in der Schule gelernt.
Durch das Reiten lernte ich viele neue Mädchen und Jungen kennen, wir trafen uns einmal in der Woche mit unseren Pferde auf dem Turnierplatz des Dorfes.
Dieser Platz war nicht nur von Kindern sondern auch von erwachsenen Reitern gut besucht, man trainierte hier für das alljährliche Reitturnier. Diese Maßnahme sollte meine Konzentration für den Schulunterricht wieder herstellen, es klappte sogar, denn meine Noten wurden auch schnell wieder viel besser. Und ich ging auch wieder gern zur Schule, selbst mein Vater ließ mich in Ruhe, ich brauchte auch nicht mehr so viel zu Hause arbeiten, und auch der Kontakt zu meinen Klassenkameraden wurde wieder besser.

Doch dann geschah auf dem Schulfest das, was eigentlich zu befürchten war, mein Vater war abends mit meiner Mutter zum Tanzen. Er war mal wieder betrunken, und er begann mit meinem Lehrer, der ebenfalls anwesend war, einen handfesten Streit, der in einer einseitigen Prügelei endete. Mein Lehrer hielt sich zurück, mein Vater hingegen wurde von mehreren Gästen überwältigt und sofort des Festes verwiesen.

Meine Mutter hatte bereits zu Beginn dieses Streites das Fest verlassen und weinte zu Hause fürchterlich. Es war schon sehr spät, als es bei uns an der Tür klopfte. Es war unser Polizist, der meiner Mutter mitteilte, dass er meinen Vater aufgrund dieses Streites mit meinem Lehrer vorsorglich zur Ausnüchterung genommen hatte, bevor es bei uns zu Hause wieder zu Gewaltausbrüchen meines Vaters kommen würde. Meine Mutter schien über diese Aussage sehr erleichtert zu sein. Sie bedankte sich für diese Information bei unserem Polizisten, der dann auch gleich wieder ging.

Mein Vater war dann am nächsten Tag mittags wieder da, es war Sonntag, und es lag Streit zwischen meinen Eltern in der Luft, und ich zog es vor, gleich nach dem Essen zu verschwinden. Ich ging zu Tante Ida und Onkel Willi, wir spielten den ganzen Nachmittag „Mensch ärgere Dich nicht", das machte mit den beiden immer besonders viel Spaß.

Als ich abends zu Hause ankam, war mein Vater friedlich, aber das war immer so, wenn meine Mutter ihm den Kopf „gewaschen" hatte. Nach dem Essen durften wir noch das „Sandmännchen" im Fernsehen ansehen und dann ging es für uns Kinder ins Bett.

Am nächsten Tag in der Schule war der Vorfall mit meinem Vater und unserem Lehrer natürlich das Gespräch in den Pausen, mich machte das sehr traurig. Mein Vater entschuldigte sich zwar ein paar Tage später bei meinem Lehrer, aber das einzige, was dabei heraus kam, es traf mal wieder mich!

Ich durfte von Seiten meines Vaters nicht mehr zum Reiten. Mein Lehrer bedauerte diese Entscheidung sehr und bekräftigte immer wieder, dass sich zwischen uns nichts ändern würde. Man merkte, dass es ihm sehr leid tat, aber nicht nur ihm, ich denke, ich war schlimmer dran, denn das Verbot, weiterhin bei meinem Lehrer reiten zu dürfen, brachte nur Nachteile für mich. Und das wusste jeder von uns, nun hatte ich mal etwas, woran ich Freude hatte, und schon war es wieder vorbei, die Folgen waren abzusehen.

Ich suchte wieder die Einsamkeit am Strand, manchmal ging ich viele Kilometer am Deich entlang. Vor allem wenn Flut war, wurden viele interessante

Dinge an den Strand gespült. Ich sammelte alles mögliche, wie zum Beispiel Treibholz, Muscheln, die Krebse und Seesterne trocknete ich in der Sonne und verkaufte sie an die Sommergäste.

Besonders nach schweren Stürmen wurde einiges angeschwemmt, was man nunmehr im Alter von zehn Jahren meinte, gut gebrauchen zu können. Immer, wenn ich allein sein wollte, versuchte ich, mein Leben zu verstehen, weil es doch für mich manchmal viel zu kompliziert war.

Ob es Uschi wohl genauso erginge?

Wir schrieben uns regelmäßig einmal im Monat und vertrauten uns nach wie vor Dinge an, über die wir sonst nie mit irgend jemanden sprachen. Denn ihr erging es nicht viel anders als mir.

Genauer gesagt hatte sich nichts verändert nach dem Besuch im Kinderheim, ich hätte sie gerne besucht, aber ich durfte nicht von Seiten meines Vaters. Aber auch sie durfte mich nicht besuchen, und trotzdem wünschte ich mir oft, dass sie bei den langen Spaziergängen am Strand dabei wäre. Es war für mich immer ein Gefühl der Freiheit.

Was ich am wenigsten verarbeiten konnte, waren noch immer diese regelmäßigen Übergriffe durch Onkel Bert und Onkel Uwe. Auch wenn wir kaum noch über frisches Geflügel verfügten, so hatte ich doch noch regelmäßig Gemüse und Obst hinüberzubringen.

Jeder Besuch bei den beiden wurde für mich zur Qual, aber was sollte ich tun, sie hatten mich in der Hand, immer und immer wieder drohten sie mir, meinen Vater alles zu erzählen. So manche schlaflose Nacht habe ich deshalb verbracht, ich habe sehr oft abends geweint, weil man mich ständig im Ungewissen hielt.

Sie verfügten über mich und duldeten keinen Widerspruch in der Ausübung ihrer sexuellen Wünsche. Für mich war es jedes Mal wie eine seelische und körperliche Folter, die ich gerade überstanden hatte, ich bekam schon einen Ekel, wenn ich nur daran dachte. Ich hatte auch gelernt, dabei an etwas völlig anderes zu denken, um dadurch zumindest geistig nicht anwesend zu sein, das half mir sehr dabei, die Handlung manchmal nur als bösen „Traum" zu erleben. In Wahrheit war man dabei, mich und mein Seelenwohl zu zerstören, und das nun seit über einem Jahr, nur, weil ich mir nicht zu helfen wusste!

Mein Lehrer half mir auch weiterhin, und so gelang es mir, meine Zensuren zu halten. Dafür war ich ihm auch wirklich dankbar, denn ich glaube, ohne seine Hilfe wäre ich nicht nur in der Schule ganz tief gefallen. Statt Sport blieb ich meinen Koch- und dem Werkunterricht treu, das fand ich wesentlich interessanter, weil es einfach mehr Spaß machte, und für das weitere Leben nützlicher war.

Was Kochen betraf, am meisten lernte ich von meiner Mutter, aber ich wollte ihr ja auch behilflich sein, schließlich hatte sie allein mit uns Kindern und dem Haushalt sehr viel zu tun.

Meinem Vater gefiel das zwar nicht, aber er nahm es hin, und so lange ich meiner sonstigen Arbeit nachkam, sorgte meine Mutter dafür, dass er mich in Ruhe ließ. Er trank zwar immer noch, aber meine Mutter hatte ihn auf ein bestimmtes Maß an Alkohol reduziert und ihm gedroht, dass sie ihn verlassen würde, wenn er sich noch einmal daneben benehmen würde. Und dadurch, dass er immer auswärts arbeitete, war er ohnehin kaum zu Hause. Jeder von uns empfand es als angenehm, wenn er nicht anwesend war.

In den Sommermonaten war ich mit Onkel Willi auf Aal- und Buttfang, die wir dann auch gemeinsam räucherten. Alles Wissenswerte über Fische lernte ich von ihm und meinem Onkel Herbert, der einen Fischkutter besaß. Die meiste Zeit verbrachte ich dann am Hafen, denn hier war reges Treiben durch die vielen Schiffe und Seeleute.

Zur damaligen Zeit gab es Fisch im Überfluss, und um den Preis stabil zu halten, wurden Unmengen von bestem Frischfisch einfach zu Fischmehl verarbeitet.

Es war ja auch ein schönes malerisches Dorf an der Nordseeküste, wo noch jeder jeden kannte, es gab ein paar Handwerksbetriebe, Landwirtschaft, eine kleine Werft und die Fischerei. Außerdem ein Gemischtwarenhändler, einen Bäcker, einen Schlachter, also alles, was nötig war. Das Dorf und seine Einwohner waren damit gut versorgt. Kneipen gab es natürlich mehrere, teilweise stammten sie noch aus der Zeit des Walfangs und aus der Zeit der vielen großen Segelschiffe.

Es waren einige Monate vergangen, der Kontakt zu Uschi war leider abgebrochen, sie war inzwischen sechzehn Jahr alt. Und das letzte, was ich von ihr hörte, war, dass sie in einem Heim für junge Mütter untergebracht wurde. Das Jugendamt hatte sie aus ihrem Zuhause befreit, ihr Vater kam, weil er sie immer schwer misshandelte, ins Gefängnis. Sie hatte es also endlich geschafft, von zu Hause wegzukommen. Sie hatte allerdings einen hohen Preis dafür bezahlen müssen.

Aber ich freute mich für sie und dachte dabei an mich, was mir wohl noch bevorstehen würde, bis ich es geschafft hatte. Obwohl es seit ein paar Wochen so etwas ähnliches wie ein ordentliches Familienleben gab, traute ich meinem Vater nicht über den Weg.

Inzwischen war ich zwölf Jahre alt, und die harte Erziehung meines Vaters hatte mich geprägt, ich war noch immer das verängstigte Kind, nur etwas größer und älter. Ich hatte zwar den einen oder anderen Schulfreund, aber am häufigsten traf ich mich nach wie vor mit Mädchen.
Auch Gabi traf ich noch regelmäßig, bei ihr allerdings nicht mehr so häufig. Und immer häufiger stellte ich mir die Frage, wie es sich wohl anfühlt, wenn man eine Brust hat. Die Hoffnung, dass ich eines Tages meine kleine „Männlichkeit" in eine kleine „Weiblichkeit" umwandeln würde, hatte ich inzwischen allerdings aufgegeben. Aber irgendwann würde ich es bestimmt erfahren, dessen war ich mir ganz sicher, ich war froh, dass ich eine Freundin wie Gabi hatte, denn sie half mir über vieles hinweg.
Eines Tages sollte ich wieder in den Ferien für ein paar Tage bei Tante Ida schlafen, Onkel Willi war im Krankenhaus, er hatte eine schwere Lungenentzündung. Leider sah ich ihn danach nicht wieder, er verstarb kurze Zeit später im Krankenhaus. Das hatte mich dann sehr getroffen. Meine Mutter kümmerte sich eine Zeit um Tante Ida, der es nicht gut ging und die um Onkel Willi sehr trauerte. Aber auch ich war sehr traurig darüber, wieder einen Menschen verloren zu haben, der mir sehr viel bedeutete. Denn auch meinen Opa liebte ich über alles, es traf immer die Menschen, zu denen ich ein besonderes Verhältnis hatte.
Onkel Willi hatte sich oftmals mit meinem Vater meinetwegen auseinander gesetzt und ihn gewarnt, mich nicht mehr zu schlagen. Als Nachbar hatte er immer, wenn er zu Hause war, eine schützende Hand über mich. Für mich war er ein ganz besonderer Freund, weil er mich erfolgreich aus dem Missbrauch befreite."

Kapitel X

Mein Freund Onkel Willi

Ich reiche dir meine Hand

Der Professor konnte von meiner Geschichte nicht genug bekommen, so dass ich weitererzählte:

„Mit meinem Onkel Willi verbrachte ich sehr viel Zeit, ob es die Winternachmittage waren, an denen wir zusammen „Mensch ärgere Dich nicht" spielten, oder er mir viel über seine Taubenzucht zeigte und auch beibrachte. Oder von Mai bis Oktober, wenn wir zusammen Fischreusen aufstellten und so den Fang gemeinsam räucherten. Obwohl er mein Opa hätte sein können, so fühlten wir uns doch wie zwei gute Freunde.

An einem Sonntag Nachmittag räucherten wir zusammen einige Aale, und er fragte mich, ob ich zum Nachbarn ein paar geräucherte Aale rüber bringen würde, die Nachbarn waren Onkel Bert und Onkel Uwe.

Meine Reaktion war alles andere als erfreulich, im Gegenteil, ich musste ausgesehen haben, als wenn ich vom Blitz getroffen worden wäre. Allein der Gedanke brachte mich schon wieder zum Zittern, ich bat ihn, doch bitte von diesem Wunsch abzusehen.

Er merkte, dass da irgend etwas nicht stimmte. Er brachte die Aale dann selbst rüber und fragte mich dann erst am nächsten Tag, nachdem wir zusammen die Reusen geleert hatten, warum ich seiner Bitte nicht nachkommen wollte.

Wie gewohnt haben wir den Fisch geschlachtet und gesäubert. Währen der Zeit in der Salzlauge setzten wir uns vor den Räucherofen auf die Bank. Er schob seine alte Fischermütze nach oben und zündete sich eine Pfeife an, bevor er anfing, mich zu fragen, was da so vorgefallen währe. Ich sah ihn erst an, dann sah ich auf den Boden, ich wusste nicht, wie ich anfangen sollte. Bitte, Onkel Willi hilf mir, ich weiß nicht mehr, was ich tun soll, ich kann kaum noch schlafen. Er ließ sich Zeit, Zeit, die ich benötigte, Mut zu fassen. Nachdem er mir versprochen hatte, es wirklich niemanden zu erzählen, bemühte ich mich, ganz gefasst etwas zu erzählen, obwohl er wirklich mein Freund war, fiel es mir aber trotzdem sehr schwer.

Es gehörte sehr viel Mut dazu, mit jemandem, den man sehr mochte, über solche Dinge zu sprechen, schließlich schaffte ich es doch. Ich weinte zwar dabei, aber er bat mich immer wieder, weiter zu erzählen. Dabei vermied ich es, Einzelheiten wiederzugeben, ich empfand es als sehr peinlich, darüber zu sprechen. Teils aus Schamgefühl teils wegen Schuldgefühlen, die man mir immer wieder eingeredet hatte. Dabei war es nicht ich, sondern andere, die man zur Rechenschaft ziehen sollte!

Onkel Willi hatte mir voller Entsetzen zugehört, er war sichtlich schockiert über das, was man mir da angetan hatte. Er nahm mich in den Arm und bat mich, mit dem Weinen aufzuhören, er sagte nur: „Damit ist jetzt Schluss, denn niemand wird dir mehr was tun. Und egal, was ist, mein Kind, du kannst immer mit mir über alles reden, ich möchte, dass du das weißt. Niemand wird je etwas über unsere Gespräche erfahren, das verspreche ich dir."

An diesem Tag räucherten wir noch die vorbereiteten Fische, es waren hauptsächlich Aale. Er gab mir später noch ein paar kleinere geräucherte Aale für das Abendbrot mit. Zum Abschied sagte er: „So, mein Kind, jetzt gehst du nach Hause und grüßt schön deine Mutter von mir und Tante Ida, und einen guten Appetit noch mit dem Fisch. Und ich werde auch noch etwas essen, und anschließend habe ich noch etwas wichtiges zu erledigen."

Ich ging nach Hause und dachte über das Gespräch mit Onkel Willi nach, mir ging es jetzt viel besser. Fisch wurde bei uns gern gegessen, und gerade warmer Räucheraal war etwas ganz besonderes.

Später, als ich im Bett lag, dachte ich noch lange über diesen Tag nach, über zwei Jahre hatte man mich jetzt missbraucht. Über zwei Jahre habe ich körperlich und seelisch sehr darunter gelitten, und mit einem einzigen Gespräch war ich nun befreit von dieser Pein.

Jetzt weiß ich, was Uschi meinte, als sie zu mir sagte, ihr wäre eine schwere Last abgenommen worden.

Onkel Willi suchte noch am selben Abend meine Peiniger auf, worüber er mit ihnen geredet hat und wie er das allerdings geregelt hat, wurde niemals bekannt. Das Haus des Hamburgers wurde ein paar Monate später verkauft, so dass ich nie wieder sexuell missbraucht werden sollte.

Onkel Willi und Tante Ida bemühten sich sehr um mein Wohlergehen, ich spürte innerlich, dass ich nicht mehr so verschlossen war. Ich hatte mich jemandem anvertraut, und mir ging es wesentlich besser, denn ich hatte nicht mehr das Gefühl, ständig unter Druck zu stehen.

Da sich Tante Ida auffällig mehr als sonst um mich bemühte, vermutete ich, dass sie von meiner Pein wusste, aber sie behielt es für sich und half mir, zu vergessen, ohne dass auch nur irgend jemand davon „Wind" bekam. Nicht einmal meine Mutter merkte etwas, sie versuchte jedoch den an mir durch andere angerichteten seelischen Schaden zu begrenzen.

Und nun war Onkel Willi tot, ich brauchte Tage es zu verstehen, weil ich es nicht begreifen konnte, dass dieser gute Mann auf einmal nicht mehr da war. Auf seine Taubenzucht war er sehr stolz, ich versorgte diese Tiere bis entschieden wurde, was damit geschehen sollte, und auch sonst half ich Tante Ida, wo es ging.

Anfänglich schlief ich an den Wochenenden bei ihr, damit sie nicht so allein war. Ich fühlte mit ihr, Onkel Willi hinterließ auch für mich eine große Lücke, er hat einen Teil meines Lebens sehr beeinflusst und mich für das spätere Leben positiv geprägt.

Hier war ich immer gern gesehen, und egal, was ich für Fragen hatte, hier bekam ich eine Antwort dafür, vor allem über mein „anders" sein. Dafür hatte ich jetzt Tante Ida, die immer sehr lieb und verständnisvoll auf meine Frage einging. Selbst als ich sie bat, mir das Gefühl zu erklären, wenn man eine Brust hat, erschreckte sie nicht, sie schmunzelte nur und versuchte, es für mich verständlich zu erklären. Und als ich ihr erklärte, dass ich auch einmal so große und schöne Brüste haben möchte wie sie, lachte sie nur und meinet: „Mein Kind, das ist Veranlagung, aber ich denke, du wirst irgend wann alles das bekommen, was du möchtest, davon bin ich überzeugt, dein Wunsch geht bestimmt in Erfüllung."

Wir sprachen sehr viel an diesen Abenden, hauptsächlich über Onkel Willi, wir lachten und weinten dann auch miteinander, es tat ihr gut, dass sie nicht allein war. Auch wenn ich nur ein Kind war, für mich war es wichtig, für sie da zu sein, denn für mich war sie ja auch so oft da, wenn ich Hilfe gebraucht hatte. Selbst in diesem Alter wusste ich, dass man nicht nur nehmen sondern auch geben musste, um in den Genuss wahrer Freundschaften zu kommen.

Ich war ohnehin lieber mit älteren als mit gleichaltrigen oder jüngeren Menschen zusammen, denn man konnte auch so viel mehr neues und gutes erlernen. So lernte ich vieles, was ich für das spätere Leben mit Sicherheit gut gebrauchen konnte, egal, was man beruflich machen würde.

Auch diese Einstellung zum Leben hatte ich von Onkel Willi, oft saß ich vor dem Räucherofen auf der Bank und dachte an die vielen Dinge, die wir gemeinsam erlebt hatten."

Kapitel XI

Mein Vater

Unverständnis kennt keine Gnade

Erst nach einigen Minuten des Schweigens setzte ich meinen Bericht fort:

„Tante Ida hatte sich nun fast einen Monat nach dem Tod von Onkel Willi wieder einigermaßen von diesem schweren Schock erholt. Wenn sie es wollte, schlief ich bei ihr, ich wusste, wenn sie mich fragte, dass sie jemanden brauchte. Und dann war ich froh, für sie da zu sein, und wenn sie mich nur zum Reden brauchte. Ansonsten schlief ich nicht mehr an den Wochenenden bei ihr, aber ich besuchte sie fast täglich. Weil ich oft für sie einkaufen ging und ihr auch sonst im und um das Haus herum behilflich war.

Die Brieftauben von Onkel Willi gingen an den Verein, dem er angehörte, die Aalreusen, Netze und den Räucherofen bekam ich. Ich ließ aber alles bei Tante Ida im Stall. Weil ich nicht wusste, wie mein Vater damit umgehen würde, außerdem waren diese Sachen hier sicher.
Die Felder waren abgeerntet, und alles, was wir für den Winter benötigten, wurde eingelagert. Ich war dabei, den gewesenen Gemüsegarten umzugraben, als unser Polizist auf meine Mutter zuging, sie war ebenfalls im Garten. Sie unterhielten sich, über was, das konnte ich nicht hören, dafür war ich zu weit entfernt. Aber ich würde es ohnehin erfahren, also grub ich weiter, denn ich hatte noch ein ganzes Stück Arbeit vor mir.
Später rief mich meine Mutter zum Kaffee, und das ließ ich mir nicht zweimal sagen, und so ging ich ins Haus und trank einen Caro-Kaffee, der für uns Kinder ein ideales Getränk war, denn man fühlte sich gleich etwas erwachsener.
Ich brauchte nur meine Mutter anzusehen und wusste gleich, dass es ihr nicht gut ging, ich nahm meine Hand und legte sie auf ihre, dann erzählte sie mir, was unser Polizist wollte.
Mein Vater hatte auf seiner Arbeit irgendwo auf einem Schiff versucht, einen Arbeitskollegen zu ertränken, er wurde deshalb nicht nur entlassen sondern auch gleich vorsorglich zur Ausnüchterung bei der Polizei verwahrt. Was dieser Mensch nur alles anrichtete, ich war sehr erschrocken darüber, diese Brutalität, das bedeutete nichts gutes!
Wir sprachen darüber, wie wir uns jetzt verhalten sollten, wenn unser Vater nach Hause kam, ich würde ihn ohnehin aus dem Weg gehen, soweit es irgendwie möglich war. Meine Mutter und ich sind uns in der letzten Zeit ohnehin nähergekommen, zwischen uns hat sich eine echte Freundschaft aufgebaut.

Ich war sehr stolz darauf, wenn sie mir Dinge anvertraute, die nicht unbedingt für jeden bestimmt waren.

Trotz allem behielt ich meine Geheimnisse für mich, ich wollte sie deshalb nicht noch zusätzlich belasten.

Nach unserem Gespräch grub ich bis zum Abendessen weiter den Garten um, vielleicht stimmte das beruhigend auf meinen Vater ein.

Als ich am nächsten Tag von der Schule kam, war mein Vater bereits zu Hause, er saß in der Küche und unterhielt sich mit meiner Mutter, als ich auf ihn traf. Sicherlich hatte er schon die Arbeiten kontrolliert, die er mir aufgetragen hatte, und ich hatte diese natürlich peinlichst genau erledigt, also hatte er eigentlich keinen Grund, mich zu tadeln.

Es war Mittagszeit, und ich setzte mich zum Essen auf meinen Platz dazu, mein Vater war angetrunken, und er interessierte sich nicht für mich, er brachte noch nicht einmal eine vernünftige Begrüßung zustande, als ich in die Küche kam. Und das, obwohl wir uns eine ganze Zeit nicht gesehen hatten, ich wusste, dass ich ihm nicht viel bedeutete, aber über so etwas war ich noch nicht erhaben. Diese Gleichgültigkeit traf mich jedes Mal so sehr, dass es mir innerlich weh tat, weil ich noch immer an eine Vater-Kind-Beziehung glaubte. Auch wenn ich diese bis dahin nicht erfahren hatte, aber ich hoffte sehnlichst, dass es eines Tages so sein würde.

Während ich zu Mittag aß, sprach mein Vater nicht ein Wort mit mir, er sah mich nicht einmal an, von ihm kam eine eisige Kälte zu mir herüber, dass ich es vorzog, gleich nach dem Essen zu gehen. Ich war enttäuscht und wollte meine Schulaufgaben machen und ging deshalb auf mein Zimmer. Ich hörte, wie meine Eltern miteinander stritten, das machte mich jedes mal ganz nervös, weil danach meistens etwas unangenehmes passieren würde.

Danach sah ich nach den Tieren, ob alles in Ordnung war, ich versorgte dann die Tiere, soweit es nötig war, und grub danach den Garten weiter um. Meine Eltern saßen noch immer in der Küche und stritten miteinander, ich hörte sie bis nach draußen. Ich ertrug das nicht länger und hörte mit dem Umgraben auf, stattdessen setzte ich mich auf mein Fahrrad und fuhr zu meiner Freundin Gabi, die freute sich sehr darüber. Wir gingen auf ihr Zimmer, und ich erzählte ihr, dass mein Vater wieder da sei, und es zu Hause wieder nur Streit gab. Den Rest der Zeit verbrachten wir zwei wieder mit unseren Spielen und Gesprächen, obwohl auch sie älter geworden war, aber an unserer Freundschaft hatte sich nichts geändert. Wir hielten noch immer zusammen, aber wie gesagt, es war eine reine Freundschaft.

Wieder zu Hause angekommen, stellte ich mein Fahrrad in den Schuppen und traf hier auf meinen Vater, der sich die Zeit mit einer Flasche Bier vertrieb, die er in der Hand hielt. Er gab mir ohne einen Grund zu nennen eine Ohrfeige, ich fiel hin, und er trat mich dann noch mit dem Fuß und bemerkte, ich hätte nur das zu tun, was er mir auftrug.

Ich zitterte am ganzen Körper und habe ihn nur unverständlich und entsetzt angesehen, er sammelte mich wieder vom Boden auf und befahl mir nun, die Tiere zu füttern, was ich dann auch ohne Widerspruch erledigte.

Der heutige Abend in unserem Haus blieb ruhig, und ich dachte noch während ich im Bett lag über diesen Tag nach, es würde wieder eine schwere Zeit für mich werden. Wenn tatsächlich mein Vater wieder zu Hause bleiben würde, ich hoffte nur, dass er hier keine Arbeit finden würde, damit er wieder fort müsste und wir dadurch unseren Frieden hätten.

Aber er fand direkt im Ort Arbeit, und so war es vorbei mit der schönen Zeit ohne ihn, mir graute es davor, ihm wieder gnadenlos ausgeliefert zu sein. Es war nur eine Frage der Zeit, und diese kam schneller als erwartet.

Es war kurz vor Pfingsten, meine Mutter war nicht da, sie war zum Einkaufen. Zwei meiner jüngeren Geschwister spielten hinter dem Haus im Sandkasten, dieser lag in der Sonne und war vor allem windgeschützt. Und ich hatte ein wachsames Auge auf meine Geschwister, während ich unseren Gartenzaun strich, der unmittelbar daran vorbeiführte.

Die beiden anderen Brüder waren mit Schulfreunden am Hafen zum Angeln und wollten erst gegen Abend zurück sein.

Der erste Farbeimer war leer, und ich ging nach hinten in den Schuppen, um einen Neuen zu holen, doch bevor ich ging, schloss ich die Gartentür nach vorn zur Straße, nicht dass meine jüngeren Geschwister das „Weite" suchen konnten. Auch wenn es nicht viel Straßenverkehr gab, aber man musste es ja nicht unbedingt das Unglück herausfordern.

Wie man es mir gezeigt hatte, rührte ich, nachdem ich den Deckel entfernt hatte, die Farbe gut durch, damit sie auch streichfähig wurde und nicht mehr so dünn war. Nach kurzer Zeit kam ich mit der Farbe wieder nach vorn, ich erschrak, weil mein Vater plötzlich vor mir stand, er sah mich wütend an, und betrunken wie er war, packte er mich am Arm, so dass ich nicht mehr weglaufen konnte.

Nachdem ich den Farbeimer abgestellt hatte, schlug er mir mit voller Wucht mit der flachen Hand ins Gesicht. Und da er mich noch immer festhielt, konnte ich nicht umfallen, um mich herum drehte sich alles. Ich sah zum ersten Mal im Leben viele kleine Sterne, und während ich mich bemühte, auf den Beinen stehenzubleiben, zerrte er mich ins Haus. Er warf mich in eine Ecke des Vorraums und schlug mit seinem Gürtel, den er sich zuvor aus seiner Hose gezogen hatte, wahllos auf mich ein.

Ich versuchte, mit meinen Händen und Armen mein Gesicht und meinen Kopf zu schützen, ich hatte es längst aufgegeben zu betteln und zu flehen, dass er damit aufhören möge. Und so schlug er immer weiter, bis ich nur noch leise wimmerte. Ich hatte auch keine Kraft und keinen Willen mehr, mich zu wehren. Ich spürte zwar noch die Schläge, aber keine Schmerzen mehr. Was dann passierte, weiß ich nicht mehr, denn ich wurde langsam ohnmächtig.

Er hörte auf, mich zu schlagen, verließ das Haus, und das, was er dabei sagte, verstand ich nicht. Ich blieb auf dem Boden liegen und konnte nicht aufstehen, weil mir alles weh tat. Etwas später versuchte ich, auf allen Vieren davonzukommen, aber auch meine Knie waren verletzt und bluteten. An einem umgekippten Stuhl zog ich mich dann trotz meiner ebenfalls verletzten Arme und Hände vorsichtig hoch, ich konnte anfangs kaum stehen, denn mir war noch immer schwindelig.

Nachdem ich einen Moment gewartet hatte, gelang es mir, vorsichtig aus dem Haus zu gehen. Ich sah nach meinen Geschwistern, die noch immer hinter dem Haus im Sandkasten spielten. Mein Vater hatte sie Gott sei Dank verschont, aber wo war er hingegangen?

Ich überlegte, und je länger ich nachdachte, beschloss ich, es nicht herausfinden zu wollen. Und so brachte ich meine Geschwister zu Tante Ida, als sie die Tür öffnete und mich sah erschrak sie und sagte: „Meine Güte, was hat er wieder mit dir gemacht", mehr brachte sie unter Tränen nicht hervor. Ich erzählte ihr, was geschehen war. Sie weinte und wollte mich in den Arm nehmen, aber ich bat sie, es nicht zu tun, weil mir alles weh tat. Ich erzählte ihr, dass ich zur Polizei gehen wollte und deshalb die beiden „Kleinen" bei ihr lassen möchte. Sie setzte sie auf das Sofa und gab ihnen etwas zu trinken, während ich mich auf den Weg zur Polizei machte.

Fahrrad konnte ich unmöglich fahren, also ging ich zu Fuß, denn es war ja nicht weit bis zur Polizei. Meine Mutter kam mir mit dem Fahrrad entgegen, sie sah mich entsetzt an, und während ich ihr kurz erzählte, was passiert war, und wohin ich wollte, weinte sie vor Wut auf meinen Vater.

Als ich ihr erzählte, dass die beiden Kleinen bei Tante Ida waren, war sie sehr beruhigt. Wir gingen gemeinsam zum Arzt, als er die Tür öffnete, sah er erst mich, dann meine Mutter an, er bat uns herein, ich brauchte nichts zu sagen, er wusste, wer es war, und wie sie schimpfte er fürchterlich auf meinen Vater. Er verständigte die Polizei mit der Bitte, zu unserem Haus zu fahren und begründete das mit den Geschehnissen des heutigen Tages. Er würde dann hier in der Praxis auf den Polizisten warten, inzwischen würde er mich behandeln und alles dokumentieren.

Meine Mutter bekam ein Beruhigungsmittel, während der Arzt mich fotografierte, er befreite mich von dem angetrockneten Blut im Gesicht und am Körper. Ich war von Blutergüssen und blauen Flecken übersät, dieser Anblick war fürchterlich, der Arzt schüttelte nur den Kopf und meinte, dass Menschen, die zu so etwas fähig sind, auf ihren Geisteszustand untersucht werden sollten.

Mittlerweile war auch unser Polizist in der Praxis, er sah mich voller Mitleid an und sagte dann zu meiner Mutter und zum Arzt, wir müssen etwas gegen den Vater unternehmen und zwar sofort und endgültig. Weiter erzählte er, dass man meinen Vater schlafend in der Stube des Hauses gefunden hatte. Wie das letzte Mal auch hatte man ihn zur Ausnüchterung mitgenommen, aber man müsste ihn morgen wieder laufen lassen, und deshalb wäre es wichtig, dass sich alle Anwesenden, außer ich natürlich, bei ihm in der Polizeistation um 14.00 Uhr einfinden sollten. Die Anwesenden stimmten dem Vorschlag zu.

Ich wurde fürs erste von der Schule befreit, und ich sollte mich so wenig wie möglich bewegen, es war zwar nichts gebrochen, aber ich sollte mich trotzdem schonen.

Zum Angeln durfte ich allerdings nicht, ich sollte etwas für die Schule tun, und wenn es nur lesen war, und ich versprach es. Es wäre sonst verdammt langweilig geworden, über Tage nichts tun zu dürfen, ich hoffte nur, dass ich deshalb nicht wieder ein Schuljahr wiederholen musste. Der Polizist brachte mich und meine Mutter mit dem Auto nach Hause, ich blieb im Auto sitzen, während meine Mutter bei Tante Ida noch meine beiden Geschwister abholte.

Als ich aus dem Auto steigen wollte, nahm der Polizist meine Hand, er sah mich an und teilte mir mit, dass ich mich jederzeit egal, was sei, immer zu ihm kommen dürfte. Ich bedankte mich respektvoll für diese angebotene Hilfe, und ich teilte ihm auch mit, dass ich hoffte, dass es hoffentlich nie wieder nötig sein würde.

Oft dachte ich noch über diese Worte des Polizisten nach, ich hätte vieles, was mich bedrückte, aber ich hatte einfach zu viel Respekt vor ihm, und so behielt ich das, was mich quälte, weiterhin für mich.

Der nächste Tag war fürchterlich, ich konnte mich kaum bewegen, ich blieb auch den ganzen Tag im Bett, es schmerzte einfach alles, jetzt war ich froh, zu Hause bleiben zu dürfen. Ich nahm mir mein Biologiebuch und las darin den ganzen Tag, ich schlief zwar zwischendurch ein, aber ich hatte ja alle Zeit der Welt.

Zum Mittagessen ging ich hinunter, ich konnte kaum sitzen, obwohl ich ein dick angeschwollenes Gesicht hatte, eine aufgeplatzte Lippe und Kopfschmerzen, ich versuchte trotzdem etwas zu essen. Es war zwar mühevoll, aber nach einiger Zeit hatte ich es geschafft, meinen hungrigen Magen zu bändigen, um dann wieder schnell ins in das Bett gehen zu können.

Tante Ida sollte später rüberkommen, um auf meine Geschwister aufzupassen, während meine Mutter an diesem am Vortag vereinbarten Termin bei der Polizei teilnahm. Ich ging wieder ins Bett und las in dem Biologiebuch weiter, etwas später kam Tante Ida, um nach mir zu sehen, ihr herzliches Lächeln tat mir gut.

Sie gab mir einen Begrüßungskuss und sagte: „Du siehst zwar im Moment schlimm aus, mein Kind, aber das geht wieder vorbei. Wichtig ist, dass dir nichts ernsthaftes passiert ist, und das bei dem heutigen Gespräch etwas heraus kommt, damit dir so etwas nie wieder geschieht. So und zum Kaffee ruf ich dich, ja." Ich nickte, und dann ging sie wieder zu meinen Geschwistern hinunter.

Jetzt mit zwölf Jahren hatten wir den menschlichen Körper in Biologie von der Entstehung bis zur Fortpflanzung, gerade in diesem Alter war es ein interessantes Thema. Was mich am meisten interessierte, war die Möglichkeit von Operationen, man war ja immerhin schon so weit, dass man Herzen verpflanzen konnte. Aber das, was ich suchte, fand ich in diesem Buch natürlich nicht!

Mädchen zu sein, ist verdammt schwer, vor allem, wenn man biologisch ein Junge ist, aber irgendwann werde ich mein Ziel erreichen, das hatte ich mir fest vorgenommen. Aber solange ich noch zu Hause lebte, durfte mein Va-

ter nichts davon erfahren, sonst würde ich einen noch schwereren Stand haben als ohnehin schon.
Bei nächster Gelegenheit wollte ich mal mit unserem Arzt sprechen, der genau wusste, was mit mir los war, er war auch der Einzige, der mir helfen konnte und auch tun würde, davon war ich fest überzeugt.

Ein ganz lautes „Kaffee ist fertig" von Tante Ida riss mich aus meinen Gedanken, und so kam ich der Aufforderung nach, in der Küche einen Kaffee zu trinken. Es gab noch leckere Kekse dazu, die kamen von Tante Ida, bei uns gab es Brote mit Marmelade, oder Sonntags selbst gebackenen Kuchen mit Schlagsahne, der auch immer sehr lecker war. Vor allem hatte es mir die Apfelsahnetorte meiner Mutter angetan.
Ich ging auch nach kurzer Zeit wieder nach oben in mein Bett, ich war müde und schlief auch gleich ein. Selbst den Abschiedskuss von Tante Ida bekam ich nicht mit. Erst als meine Mutter nach mir sah, wurde ich kurz wach, ich sollte weiter schlafen, sie deckte mich zu und ging wieder hinunter.
Am nächsten Morgen wurde ich dann von meiner Mutter zum Frühstück geweckt, sie brachte es mir ans Bett, und ich ließ es mir schmecken. Sie wollte sich später mit mir unterhalten, aber ich habe den ganzen Tag tief und fest geschlafen, erst gegen Abend wurde ich richtig wach. Und einen Hunger hatte ich auch, ich hätte ein ganzes Schwein verdrücken können, bis auf Waschen und Toilette hatte ich im Bett zu bleiben.
Ich ging runter in die Küche, um etwas zu essen, als meine Mutter mich sah, gab sie mir einen Kuss und bat mich, wieder ins Bett zu gehen. Sie würde mir das Essen gleich raufbringen, ich nickte und ging wieder hoch in mein Bett.
Einen kurzen Moment später brachte sie mir das Essen, ich setzte mich in das Bett, um so besser essen zu können. Kartoffelsalat und Würstchen gab es und ein Glas Milch dazu. Ich stellte das Tablett auf meine Beine, meine Mutter setzte sich zu mir und beobachtete mich eine Weile, ich hatte das Gefühl, dass sie mir etwas sagen wollte.
Und dann fing sie auch schon an: Sie verstand es nicht, dass mein Vater und ich nicht einmal an einem Tisch sitzen konnten, ohne dass es Streit gab. Sie meinte: „Es tut mir furchtbar leid für das, was dein Vater dir immer und immer wieder angetan hat, ich habe aber versucht, dich zu beschützen."
Bei diesen Worten hatte sie Tränen in den Augen, es fiel ihr sichtlich schwer, dieses Gespräch zu führen. Auch wenn ich es woanders wahrscheinlich bes-

ser hätte, sie würde es nie zulassen, dass man mich in ein Heim oder zu Pflegeeltern geben würde.

Sie wisse, dass ich anders sei, und deshalb würde mein Vater auch nicht damit klar kommen. Ein Junge würde sich anders verhalten als ich, deshalb versuche er alles mögliche, mich nach seinen Vorstellungen zu erziehen. Sie verurteilte seine Prügel mir gegenüber, aber sie habe alles versucht, mich zu schützen.

Mein Vater würde mich nie in Ruhe lassen, das wussten wir beide, und solange ich nicht volljährig war, musste ich mich dieser Tatsache fügen. Ich versuchte, ihr klar zu machen, dass ich nur noch auf den Tag warte, an dem ich meine Volljährigkeit erreicht habe. Das waren noch neun lange Jahre. Wenn ich daran dachte, ging mir ein Schauer über den Rücken, das war noch eine verdammt lange Zeit. Wer weiß, was ich bis dahin noch alles einstecken müsste.

Ich liebte meine Mutter über alles, ich hoffte nur, dass sie mich verstehen würde, andere würden mich doch auch akzeptieren, warum nicht die eigene Familie?

Wir waren fünf Kinder, aber nur vier akzeptierte mein Vater, das war für mich einfach unverständlich! Es war für mich blanker Horror, mich mit anderen Jungen, die größer, älter und stärker als ich waren, prügeln zu müssen, nur weil mein Vater darauf bestand. Ich konnte diesen Prügeleien gar nichts abgewinnen, ich war viel zu klein und zart gebaut, und eine Sportkanone bin ich ohnehin nie gewesen, denn ich interessierte mich einfach nicht dafür.

Mein Vater wollte einen harten Jungen aus mir machen, aber er erreichte genau das Gegenteil, ich war schüchtern, ängstlich und weich wie Butter.

Ich mochte Mädchen nicht, weil ein sexuelles Interesse bestand, sondern weil ich eines von ihnen sein wollte, und das Sexuelle würde sich auch zur richtigen Zeit finden.

All diese Dinge lagen mir auf der Seele, ich wollte diese Gedanken auch meiner Mutter anvertrauen, und das hatte ich jetzt mit diesem Gespräch getan, sie war sehr erschüttert darüber. Meine Persönlichkeitsspaltung bezeichnete sie als Einbildung, weil es so etwas nicht geben würde, das würde sich wieder geben. Ich sah sie traurig an und wusste, dass jedes weitere Gespräch mit ihr über dieses Thema zwecklos wäre.

Doch immerhin hatte ich zwei ganz liebe Menschen, die hielten ganz fest zu mir, das war Tante Ida und meine kleine Freundin Gabi. Für mich waren diese Beziehungen damals von großer Bedeutung. Schon zu dieser Zeit glaubte ich fest daran, eines Tages ein Mädchen oder eine Frau zu sein, egal, wie lange es dauern würde. Und nichts würde mich davon abhalten können, dieses Ziel zu erreichen, schon gar nicht mein eigener Vater.

Ich durfte also nicht so sein, wie ich gern wollte, nur damit der Hausfrieden, den es nicht gab, gewahrt bleibt, ich hatte mich, solange ich nicht volljährig war, an diese Regeln zu halten. Ich musste meine Gefühle und Wünsche unterdrücken, zum Wohl der Familie.

Das bedeutete für mich ein erheblicher Leidensdruck für viele Jahre.

Sollte mein Vater mich noch einmal misshandeln, würde man ein psychologisches Gutachten verlangen, unbeachtet der Strafe, die er für meine letzte Misshandlung erhielt. Mich würde man in ein Heim oder zu Pflegeeltern geben wollen. Das war das Ergebnis dieser Besprechung bei der Polizei, unser Hausarzt bestand bei einem erneuten Rückfall meines Vaters noch zusätzlich auf Alkoholentzug in einer Klinik.

Mein Vater und ich gingen uns in Zukunft noch mehr als sonst aus dem Weg, es war für mich ein fürchterlicher Zustand, mit einem harmonischen Familienleben hatte das nichts mehr zu tun.

Ich konzentrierte mich in Zukunft auf die Schule, ich wollte das Versäumte unbedingt aufholen, denn mein Wunsch war es, auf die nächst höhere Schule zu wechseln. Meine Mutter, Tante Ida und meine kleine Freundin Gabi halfen mir dabei, insbesondere auch mein Klassenlehrer. Ich hatte wieder einen guten Zensurendurchschnitt, der auch zur Aufnahme verlangt wurde. Nach einem Jahr hatte ich es endlich geschafft, ich war dreizehn Jahre, meine Eltern mussten den Antrag unterschreiben, besonders meine Mutter freute sich sehr darüber.

Mein Vater lehnte es ab, diesen Antrag zu unterschreiben, ich hätte nächstes Jahr neun Schuljahre voll, und aus diesem Grund hätte ich die Schule zu verlassen und mir einen Ausbildungsplatz zu suchen. Völlig gefasst nahm ich diese Aussage entgegen und verließ das Haus.

Ich ging zu Tante Ida und erzählte es ihr, und dann brach ich völlig enttäuscht in Tränen aus. Sie nahm mich in den Arm und tröstete mich, wieder einmal hatte es mein Vater geschafft, mir weh zu tun, wie hätte ich nur glauben können, dass mein Vater mir mal was Gutes tun wollte.

Ich brauchte eine ganze Zeit, um darüber hinwegzukommen, aber so wie Tante Ida sagte, mein Vater könnte mir so viele Steine in den Weg legen, wie er wollte, ich würde trotzdem meinen Weg gehen.

Selbst meine Lehrer bedauerten diesen Entschluss meines Vaters sehr, sie wussten aber auch, dass es sinnlos war, meinem Vater doch noch zu überreden, dem Schulwechsel zuzustimmen.
Für was sollte ich denn jetzt noch so viel lernen, mein letztes Schuljahr war eine einzige Katastrophe, es machte mir alles keinen Spaß mehr, mein Wunschtraum, auf eine höhere Schule zu gehen, war leider wie eine Seifenblase zerplatzt.
Selbst am letzten Klassenausflug konnte ich nicht teilnehmen, es ging um einen Ausflug an die Ostsee. Mein Trommelfell, das mir mein Vater zerschlagen hatte, durfte keinerlei Wasserdruck ausgesetzt werden. Ich hatte dadurch ohnehin schon Schwierigkeiten mit meinem Gleichgewichtssinn. Meine Mutter erlaubte mir stattdessen übers Wochenende zelten zu gehen, ich hatte nebenbei in einer Gärtnerei gearbeitet, um mir so das Geld für mein Zelt verdient. Ich war sehr stolz darauf, etwas eigenes zu besitzen. Mit meinem Schulfreund, der ebenfalls nicht mitfahren durfte, ging ich dann zelten und angeln. Proviant, einen Grill, ausreichend Limonade, wir hatten wirklich alles dabei, und es war für uns ein unvergesslicher Ausflug, denn es machte uns sehr viel Spass. Außerdem half es zu vergassen.

Meine Schulzeit war nun zu Ende, mit vierzehn Jahren sollte ich eine Lehre beginnen, ich hatte mich die letzten zwei Jahre sehr verändert.
Die Erziehung meines Vaters trug Früchte, er hatte mich da, wo er mich immer schon haben wollte, aus mir war ein Junge geworden, zumindest hatte ich dieselben Ansichten eines Jungen. Trotzdem hat er mich als solchen nie akzeptiert, es war unverständlich für mich. Aber dann hatte ich es begriffen, ich konnte tun, was ich wollte, er würde mich nie aberkennen, egal, was ich oder wer ich war.
Vielleicht war auch das der Grund, weshalb er mir einen versprochenen Ausbildungsplatz zu besorgen einfach verweigerte.
Anfangs tat er so, als wollte er mir dabei behilflich sein, und kurz davor ließ er mich einfach fallen. Und das geschah vierzehn Tage bevor allgemein alle Ausbildungen begannen. Irgendwann würde ich ihm zeigen können, dass ich ihm überlegen war, weil ich an mich glaubte.

Mein Onkel war Fischer, und er hatte mir immer gesagt, wenn du willst, kannst du gern bei mir in die Lehre gehen, und wenn du damit fertig bist, kannst du später das Schiff übernehmen. Er wollte sich dann zur Ruhe setzen, er war ja auch schon ein alter Mann, den ich immer sehr schätzte, denn ich hatte mir oft einen Rat von ihm geholt.Und wenn ich so recht überlegte, war der Gedanke, Fischer zu werden, gar nicht so schlecht.

Ich mochte die See und Fische, mein Onkel sagte immer, ich hätte durchaus das Zeug zu einem Seemann. Er hat nie von meinem inneren „Zwiespalt" erfahren, aber ich denke, wenn es darauf ankam, hielt er zu mir, er hatte nur Töchter, die wesentlich älter waren als ich. Uns was wichtig war, er mochte mich sehr, ich hatte den ganzen Tag auf seinem Kutter verbracht, und er zeigte mir, wie man Netze ausbesserte.

Mit der Erlaubnis meiner Mutter durfte ich am gleichen Tag mit zum Fischen hinausfahren, die Freude war riesig, die Arbeit war zwar nicht einfach, aber sie gefiel mir. Auch wenn ich fürchterlich seekrank wurde, es war mit egal, ich wollte jetzt Fischer werden.

Am nächsten Tag spät nachmittags kamen wir wieder in den Hafen, ich spülte mit dem Gehilfen die Kisten und Körbe aus, um dann nach getaner Arbeit nach Hause zu gehen. Mein Onkel fuhr mich mit dem Auto, das war besser, denn ich hatte eine Kiste mit frischem Fisch dabei, als Lohn für meine Arbeit.

Als ich zum Abendessen nach Hause kam, machte mein Vater ein furchtbares Theater, ich hätte mich nicht den ganzen Tag rum zu treiben, denn es gäbe zu Hause genug Arbeit. Ich erzählte, dass ich bei Onkel Hein auf dem Kutter war, ich machte den Vorschlag, dass ich gern Fischer werden würde. Meine Mutter sah meinen Vater an und sagte dafür bist du viel zu jung, und mein Vater, wie sollte es anders sein, lehnte meinen Wunsch erst recht ab. Warum tat er das ständig, und dann kam ich endlich darauf: Bei ihm war es etwas anderes, er hätte mich dann nicht mehr unter Kontrolle. Er wollte mir das Leben so schwer wie möglich machen, was musste mich dieser Mensch hassen, und das, obwohl ich ihm niemals etwas getan hatte.

Voller Enttäuschung teilte ich am nächsten Tag Onkel Hein die Entscheidung meiner Eltern mit, er meinte, es wäre schade, er hätte es gern gesehen, wenn ich diese Tradition fortgesetzt hätte. Aber wenn ich wollte, könnte ich zu jeder Zeit wieder bei ihm zum Fischen mitfahren, für mich war das wenigstens ein kleiner Trost. Jetzt war wirklich guter Rat teuer!

Mein Vater hatte mir eine Frist gesetzt, die in vierzehn Tagen ablief, und wenn ich bis dahin nichts gefunden hätte, würde er mir eine Stelle als Hilfsarbeiter besorgen. Wahrscheinlich noch mit ihm zusammen, welch schrecklicher Gedanke, hoffentlich würde er nie wahr werden.

Ich suchte meinen ehemaligen Klassenlehrer auf und bat ihn um Hilfe. Ich erzählte ihm von der Absicht meines Vaters, dass ich womöglich mit ihm auch noch den ganzen Tag zusammenarbeiten müsste.
Das wäre ja fürchterlich, vielleicht war es aber das, was er beabsichtigte, nein, auf keinen Fall! Da würde ich lieber abhauen oder mir das Leben nehmen.
Nach einem kurzen Gespräch machte mir mein Lehrer klar, ich wäre zwar intelligent, hätte aber ein sehr schlechtes Abschlusszeugnis und vor allem keinen Volksschulabschluss, also wären meine Chancen sehr gering.
Das sah nicht gut für mich aus, dann rief er auf der Werft im Ort an, mit dessen Besitzer er auch privat zusammen kommen würde. Er vereinbarte gleich am nächsten Tag ein Vorstellungsgespräch mit ihm.
Ich bekam diesen Ausbildungsplatz, aber nur, weil ich meinen ehemaligen Klassenlehrer als Fürsprecher hatte, ich versprach ihn nicht zu enttäuschen.

Meinem Vater passte es gar nicht, dass ich im letzten Moment noch einen Ausbildungsplatz erhalten hatte. Aber für mich war es sehr wichtig, diesen Ausbildungsplatz zu haben, jetzt musste nur noch der Arzt zustimmen, denn ein Attest zur Eignung dieses Berufes war unbedingt erforderlich.
Der Arzt sah mich eine ganze Weile an, bevor er dann sagte: „Schiffsbauer ist körperlich ein sehr schwerer Beruf, du bist vierzehn Jahre alt, einen Meter dreiundsechzig groß, und sechzig Kilo schwer. Eigentlich dürfte ich dafür keine Zustimmung geben, aber in Anbetracht deiner häuslichen Situation tue ich es mit der Auflage, wenn du körperliche Probleme hast, kommst du sofort zu mir."
Ich werde es nie vergessen, wie ich den Arzt daraufhin lächelnd anstrahlte. Jetzt sah ich auch endlich die Möglichkeit, mit ihm über mein seelisches Problem zu sprechen, was mir sehr schwer fiel, aber ich wusste, er würde mir zuhören. Mir vielleicht auch einen Ratschlag geben, wie ich mich weiter zu verhalten hatte.
Er hörte mir geduldig zu und beobachtete mich sehr genau dabei, er gab mir ein Taschentuch, denn inzwischen liefen mir die Tränen herunter, denn das Ganze lastete auf mir wie ein riesiger Felsbrocken.
Vertrauensvoll wandte sich der Arzt dann an mich und sagte: „Mein Junge, es ist mir durchaus bekannt, dass es solche Fälle gibt, und ich habe längst bemerkt, dass du etwas mir mir herumträgst, aber dass es das ist, habe ich nicht vermutet. Diese Veranlagung, ein völlig anderes Geschlecht zu sein, ist

sehr kompliziert, hier hat man auch noch nicht so viel Erfahrung mit Operationen und deshalb würde ich dir empfehlen, bis zum richtigen Zeitpunkt zu warten.
Es wird sicherlich noch eine ganze Weile bei dir dauern, aber du allein hast zu entscheiden, wann es soweit ist, egal, ob es Probleme diesbezüglich sind, mit deinem Vater oder anderweitig, du weißt, wo ich bin.
Ob dieser Beruf unter diesen neuen Umständen der Richtige für dich ist, wird sich sich bald herausstellen. Aber ich habe immer ein offenes Ohr für dich."
Allein diese Aussage von meinem Arzt tat mir unheimlich gut, vor allem fühlte ich mich sehr erleichtert, dass ich mich jetzt ihm anvertraute. Und ich würde diese Ausbildung ohne wenn und aber durchziehen, ich würde mich von nichts abbringen lassen. Ich war Arbeiten gewohnt, und ich hatte absolut keine Angst davor.

Der erste August war vorbei, und ich arbeitete bereits auf der Werft, ich war zwar Arbeiten gewohnt, aber diese körperlich schwere Arbeit war etwas ganz anderes. Zudem kam noch, dass ich der Kleinste und jüngste von allen war, also hatte ich keinen leichten Stand, aber das war ich ja von zu Hause gewohnt.
Abgesehen davon bestand mein Vater darauf, dass ich auch weiterhin zu Hause meiner gewohnten Arbeit nachging. Viel Freizeit blieb da nicht mehr für mich.
Die Arbeit machte mir trotzdem viel Spaß, mittlerweile hatte ich mich auf der Werft gut eingearbeitet, und mit den Arbeitskollegen verstand ich mich inzwischen auch sehr gut. Ich hatte herausgefunden, dass alles, was mit Handwerk, Schiffen und Seefahrt zu tun hatte, mir ganz gut tat, und wofür ich mich auch sehr interessierte. In der Berufsschule wurde ich auch immer besser, handwerklich war ich sehr gut, und alles andere konnte man lernen.
Das handwerkliche Können war teils Begabung, den Rest lernte ich von meinem Ausbildungsgesellen, der wie ein Vater für mich war, mit seiner Tochter Tanja ging ich zur Schule.
Alles lief bisher durchschnittlich gut, ich erzählte zu Hause von dem guten Arbeitsverhältnis zu meinem Ausbildungsgesellen, mein Vater sah mich jedes Mal sehr verärgert an. Aber ich dachte mir nichts dabei, bis mein Vater eines Tages bei einem Dorffest meinen Ausbildungsgesellen ohne Grund verprügelte. Dieser wollte dann nicht mehr mit mir zusammen arbeiten, was

ich sehr bedauerte, aber ich hatte Verständnis für seine Entscheidung. Doch ich schämte mich für meinen Vater, mir war es richtig peinlich, ich mochte keinen Streit und Prügel schon gar nicht.

Inzwischen war ich gerade mal sechzehn Jahre alt und hatte die Hälfte der Lehrzeit noch vor mir. Wie sollte es jetzt weitergehen, sicherlich wollte keiner mehr mit mir zusammen arbeiten wollen, aus Angst, mein Vater würde wieder Streit beginnen und Ärger machen.

Mein Lehrmeister nahm sich dann meiner an, und von ihm lernte ich viele alte Kniffs und Tricks, die man im Schiffbau immer anwenden konnte.

Das Verhältnis zu meinem Vater war unerträglich geworden, es gab immer öfter Streit. Und wiederholt bekam ich von ihm zu hören, ich wäre nicht sein Sohn, er behauptete, ich würde nichts taugen, weil ich ja noch nicht einmal einen Schulabschluss hätte. Außerdem wäre die Ausbildung vergebens, ich würde die Abschlussprüfung ohnehin nicht bestehen, meine Ausbildungskollegen ja aber ich nicht.

Das war eine Aussage von ihm, die mich sehr getroffen hatte, ich fasste meinen ganzen Mut zusammen und widersprach ihm, das erste Mal überhaupt in meinem Leben tat ich das, damit hatte er sicherlich nicht gerechnet."

Kapitel XII

Lisa, meine erste Liebe

Eine immer wiederkehrende Sehnsucht

Ich erzählte immer weiter und der Professor hörte mir andächtig zu:

„Von dem Tag an hatte ich nichts mehr zu lachen, die Hand meines Vaters rutschte ihm immer öfter aus, aber ich war nicht in der Lage, mich zu wehren. Selbst als ich siebzehn Jahre alt war, schlug er mich noch, ständig hatte er etwas an mir auszusetzen, das führte dazu, dass wir nicht einmal mehr an einem Tisch sitzen konnten.

Meine Angst vor ihm, die ich seit Jahren in mir trug, hielt mich immer weder zurück, mich zu wehren und ihn zurechtzuweisen, aber der Tag würde kommen, das schwor ich mir.

Ich war siebzehn Jahre und sie sechzehn Jahre, sie hat mich angesprochen in einem Club für Jugendliche, hier gab es nur alkoholfreie Getränke, es war einen wunderschöne Freundschaft, die hier begann.

Als bekannt wurde, dass ich eine Freundin hatte, fiel meiner Mutter wohl ein Stein vom Herzen, auch meiner Entwicklung tat es sehr gut. Lisa war ein tolles Mädchen, sensibel, hübsch und klug, wir passten sehr gut zusammen. Sie hatte die Initiative ergriffen, denn ich war fremden Mädchen gegenüber viel zu schüchtern.

Mit Lisa machte ich meine ersten sexuellen Erfahrungen, es war der Beginn einer großen Liebe.

Mein Vater, wie sollte es auch anders sein, war gegen diese Freundschaft, er fand somit einen neuen Grund, mit mir zu streiten, begründet hatte er es mit einem Streit mit dem Vater von Lisa, der schon Jahre zurücklag. Sein Verhalten ging so weit, dass ich Lisa nicht mehr mit nach Hause bringen durfte und er mir den Umgang mit ihr ganz verbot. Und dieses Mal hatte ich nicht vor, mich an dieses Verbot zu halten, und so eskalierte es mal wieder zu Hause.

Ich zog es vor zu gehen, bevor es noch schlimmer wurde, meine Mutter war damit einverstanden, dass ich meine Freundin besuchte, und so fuhr ich zu Lisa. Nachdem ich ihr erzählte, was mal wieder einmal zu Hause los war, bat sie mich, doch zu bleiben, sie hatte Angst um mich, verständlich bei so einem Vater.

Aber ich musste nach Hause, ich hatte es meiner Mutter versprochen, ich wollte nicht, dass sie deshalb noch mehr Streit mit meinem Vater bekam. Als wenn Lisa etwas geahnt hätte, es war bereits zu spät, denn als ich nach Hause kam, brannte im ganzen Hause Licht.

Das Essen klebte bereits im Eingangsbereich an der Wand, vor der offenen

Eingangstür lag die Bratpfanne. Überall lag kaputtes Geschirr und zertrümmerte Möbel herum, das Haus war leer, es war niemand da. Es sah verheerend aus, ich machte mir ernsthafte Sorgen um meine Mutter und die Geschwister, es erinnerte mich an meine Kindheit. Eine ganz schlimme Zeit, allerdings hatte sich an diesen Umständen bisher kaum etwas geändert. Ich hatte meinen Entschluss gefasst, auch wenn es schon 23.00 Uhr war, aber ich wollte zur Polizei.

Beim Verlassen des Hauses traf ich auf meine Mutter, sie war völlig fertig und teilte mir mit, dass mein Vater mich suchte, er hätte gedroht, mich zu erschlagen. Während ich auf dem Weg zur Polizei war, begegnete ich meinem Vater, nur der Dunkelheit hatte ich es zu verdanken, dass er an mir vorbeifuhr und mich nicht erkannte. So kam es, dass ich die Polizei unversehrt erreichen konnte.

Es dauerte nicht lange, bis man mir nach dem Klingeln die Tür öffnete, ich war sehr aufgeregt. Der Polizist sah mich an und bat mich herein, während ich mit wenigen Worten das Vorgefallene erklärte, bat ich ihn um Hilfe.

Wenig später saß ich mit zwei Polizisten im Auto, und während der Fahrt wurde mir erklärt, dass ich heute mein Elternhaus verlassen würde, sonst würde mich mein Vater eines Tages doch noch umbringen. Über Funk bekam ich mit, dass man meinen Vater vorläufig zur Ausnüchterung mitgenommen hatte. Die Polizisten sprachen, während ich meine Sachen packte, mit meiner Mutter, da die Volljährigkeit von einundzwanzig auf achtzehn Jahre herabgesetzt worden war, wäre es durchaus vertretbar, mit Einwilligung eines Elternteiles das elterliche Haus zu verlassen. Alles andere würde sich später klären. Während man mich mit samt meinen Sachen in Richtung Hafen fuhr, sagte man mir, dass man das schon vor langer Zeit hätte tun sollen, dann wäre mir vieles erspart geblieben.

Der Vater eines Schulfreundes war Hafenmeister des Ortes hier, dort übernachtete ich erst einmal. Am nächsten Tag saßen mein Lehrmeister, der Hafenmeister und der Polizist des Ortes in seinem Büro gegenüber. Ich benötigte eine Unterkunft, wo ich sicher war.

Wir einigten uns, dass ich auf einem alten Fischkutter wohnen durfte. Da ich noch nicht volljährig war, bürgten diese drei Männer für mich, um es damit, wie der Polizist es ausdrückte, behördlich abzusegnen.

Der Polizist informierte meine Mutter über diesen Entschluss, und der Hafenmeister informierte die Fischer im Hafen. Mein Lehrmeister setzte sich mit dem Eigner des Kutters, der zu einem Versorgungsschiff umgebaut werden sollte, in Verbindung. Außerdem wurde mir mit dem Einverständnis meines Lehrmeisters erlaubt, verschiedene Arbeiten am Schiff auszuführen. So hatte ich finanziell eine Chance, mich selbst zu versorgen und mein Geld für die Schule bzw. Abschlussprüfung zu verdienen.

Und so verbrachte ich meine erste Nacht allein auf dem Schiff. Es war zwar Winter und durch den Ostwind saukalt, aber der alte Kanonenofen im „Logies", so nennt man die Unterkunft vorn unter der „Back", wärmte hervorragend. Zum Heizen nahm ich Abfallholz von der Werft, es war mein neues Zuhause, bis ich meine Lehre abgeschlossen hatte. Es war zwar klein, aber ich fühlte mich hier wohl und brauchte keine Angst zu haben, dass mir irgendjemand etwas tat, endlich hatte ich meinen langersehnten Frieden.

Eine Petroleumlampe gab mir das nötige Licht, hier baute ich abends an meinem Schiffsmodell für die Prüfung, hier kochte ich und hier schlief ich.

Mein Vater würde hier nie aufkreuzen, dafür hatte er zu viel Respekt vor den Fischern, die hatten mir nämlich ihre Hilfe angeboten, ich brauchte nur mit der Schiffsglocke zu läuten, und schon wären sie da. Die Fischer des Ortes hatten mir schon einmal geholfen, damals wollte mich mein Vater völlig unbegründet in einer Fischerkneipe verprügeln, ich hätte uralt ausgesehen. Sie hatten meinen Vater vor die Tür gesetzt, mit der Warnung, wenn er mich noch einmal bedrohen würde, würden sie ihm zeigen, wie es ist, richtig Prügel zu bekommen. Mein Vater hat dann auch diese Fischerkneipe nie wieder betreten.

Für mich war das ein unheimlich beruhigendes Gefühl, ein völlig neuer Lebensabschnitt begann für mich. Ich war jetzt der glücklichste Mensch auf Erden. Meine Mutter versorgte mich hin und wieder mit Wäsche, sie kam immer in Begleitung meiner Freundin Lisa, die beiden verstanden sich sehr gut. Hin und wieder schlief auch meine Freundin bei mir, wir fühlten uns beide sehr wohl auf diesem Schiff, es war eine wundervolle Zeit, die wir beide wohl nie vergessen werden.

Bevor es zur Abschlussprüfung ging, besuchte mich noch einmal meine Mutter und meine Freundin, wir saßen abends zusammen und tranken Glühwein, wir unterhielten uns über die Zukunft. Die Vergangenheit war für mich ein Tabuthema geworden, ich wollte in die Zukunft blicken, beide wünschten mir viel Erfolg für die Prüfung. Nach dieser bestandenen Prüfung würden mir alle Tore offen stehen."

Kapitel XIII

Die Prüfung

Die Fahrkarte in ein neues Leben

Der Professor wollte, dass ich jetzt unbedingt weiter berichtete:

„Die letzten Worte, als sich meine Mutter von mir verabschiedete, waren: „Zeig ihnen, was eine Harke ist." Und genau das wollte ich tun, auch wenn ich der Jüngste der ganzen Klasse war, so würde ich alles geben, was in mir steckte.

Mir hatten so viele liebe Menschen geholfen, dass ich hier meine Prüfung machen konnte, und diese Leute konnte und wollte ich nicht enttäuschen. Außerdem wollte ich nicht, dass mich mein Vater weiterhin als Taugenichts bezeichnen konnte.

Für den praktischen Teil der Prüfung machte ich mir keine Sorgen, bei der Theorie sah es schon etwas anders aus, mit der Einstellung „Wird schon schiefgehen" machte ich mich dann auch ans Werk. Innerhalb einer Woche wurden alle spezifischen Fachgebiete noch einmal wiederholt, um alles noch einmal gedanklich aufzufrischen. Dann ging es ans „Eingemachte", innerhalb von drei Tagen legten wir unsere Prüfungsaufgaben gelöst auf den Tisch.

Aufgrund der umfangreichen Prüfungsfragen fiel das Ergebnis sehr schlecht aus, die praktische Prüfung musste wiederholt werden. Sonst wären knapp zwei Drittel durchgefallen. Selbst danach fielen immer noch mehr als die Hälfte der Teilnehmer durch, aufgrund einer erweiterten Prüfungsart von neuen Materialien.

Knapp fünfzig Prozent der Teilnehmer fielen durch, ich war der Jüngste der Klasse, hatte aber die Prüfung tatsächlich bestanden. Kaum jemand kann sich vorstellen, wie ich mich gefühlt hatte, mir war ein ganz großer Wunsch in Erfüllung gegangen, aber ich hatte auch sehr intensiv dafür gelernt.

Die beiden Freunde von mir nicht, das tat mir wirklich sehr leid, ich hatte es ihnen gewünscht, unsere Wege trennten sich hier, sie wurden, im Gegensatz zu mir, später nicht von der Werft übernommen.

Noch vor der Freisprechung der Innung rief ich meine Mutter an und teilte ihr die freudige Nachricht mit. Ihre Worte waren: „Ich wusste es, ich bin sehr stolz auf dich, mein Sohn."

Meine Freundin Lisa hätte mich am liebsten durchs Telefon gezogen, sie freute sich auf unser geplantes Wiedersehen am nächsten Tag.

Nach dem Abendessen der Innung bin ich allein am Wasser spazieren gegangen, ich war stolz auf mich, und ich freute mich so sehr, dass ich weinen musste .

Ich war jetzt achtzehn Jahre alt, musste bisher soviel über mich ergehen lassen, und jetzt war ich nicht nur volljährig, sondern ich konnte auch noch tun, was ich wollte.

Trotz des menschlichen Martyriums während dieser vielen Jahre war ich unbeirrt meinen Weg mit Erfolg gegangen. In der Altstadt trank ich in gemütlicher Atmosphäre einer uralten Kneipe auf den heutigen Tag und auf diese bestandenen Prüfung noch ein paar Bier. Den Internatsschlüssel hatte ich dabei, und so war ich auch zeitlich unabhängig. Es war ein Gefühl von Freiheit, das ich bisher noch nie kennengelernt hatte, es war einfach unbeschreiblich schön.

Kurz vor Mitternacht traf ich im Internat ein und ging auch gleich ins Bett, denn ich wollte ja am nächsten Tag nach Hause fahren. Nach dem Frühstück verabschiedete ich mich von der Internatsleitung und bedankte mich für die fürsorgliche Betreuung während meiner gesamten Ausbildungszeit.

Da mich nichts drängte, ließ ich mir Zeit mit der Abreise und sah mich noch etwas in der Altstadt von Lübeck um, ich wollte sehen, was sich im Laufe der Jahre verändert hatte. Altes und Beständiges interessierte mich sehr, die Gebäude aus dem Mittelalter hatten es mir angetan, und auf dem Weg zum Bahnhof kam ich ohnehin daran vorbei.

Als ich die knapp fünfstündige Bahnfahrt hinter mich gebracht hatte, war ich wieder zu Hause auf dem Schiff, es war später Nachmittag. Ich rief meine Mutter an und informierte sie, dass ich wieder da war. Sie wollte mich am nächsten Tag abends besuchen, und ich freute mich sehr darauf, es war Wochenende und so brauchte ich nicht zur Arbeit. Es war mir auch recht, denn ich wollte mich etwas von den Strapazen der Prüfung erholen.

Gegen Abend holte ich Lisa von zu Hause ab, ihre Mutter öffnete mir die Tür und bat mich kurz hereinzukommen, was ich auch tat. Ihre Eltern beglückwünschten mich sehr herzlich zur bestandenen Prüfung, sie waren ebenso stolz wie ich. Ihr Vater lächelte und sagte: „Deinem Vater hast du es jetzt wirklich gezeigt, das finde ich gut, ich hoffe, er weiß dich endlich mal zu schätzen und zu respektieren."

Lisa kam etwas später aus dem Badezimmer dazu, fiel mir um den Hals und sagte nur „Klasse, mein Schatz". Bevor wir gemeinsam gingen, tranken wir noch eine Kleinigkeit mit ihren Eltern und unterhielten uns noch ein wenig über allgemeine Themen und den Prüfungsablauf.

Lisa und ich wollten einen schönen Abend zu zweit in der Discothek verbringen, wir suchten uns einen Tisch, der etwas abseits lag, um so wenig wie möglich gestört zu werden.

Es hatte sich bereits im Dorf herumgesprochen, dass ich meine Prüfung bestanden hatte, außerdem stand es in der Zeitung, jeder, der mich kannte, gratulierte mir, worüber ich mich natürlich sehr freute. Selbst meine Freundin Gabi traf ich dort mit ihrem Freund, uns verband nach wie vor eine ganz besondere Freundschaft, wir trafen uns zwar nicht mehr ganz so oft, aber wir waren immer noch füreinander da. Sie lächelte mich an, drückte mich ganz fest an sich und flüsterte mir ins Ohr: „Wenn jemand es verdient hat, dann bist du das!" Dann gab sie mir einen dicken fetten Kuss auf den Mund. Sie war auch die Einzige, die das außer Lisa durfte. Lisa und Gabi verstanden sich sehr gut, denn es war keine Spur von Eifersucht vorhanden.

Lisa und ich kamen von der Tanzfläche und hatten gerade Platz genommen, als plötzlich mein Vater vor unserem Tisch stand. Ich muss einen Ausdruck im Gesicht gehabt haben, als wenn ich gerade einen Geist gesehen hätte. Er nahm hundert Mark aus seiner Tasche und legte mir diese auf den Tisch mit der Bemerkung: „Hier, für die bestandene Prüfung, und wenn du willst, kannst du wieder nach Hause kommen." Er wünschte noch einen schönen Abend, und bevor ich mich bedanken konnte, war er wieder gegangen.

Gabi hatte es gesehen und kam deshalb an unseren Tisch und erkundigte sich, ob alles in Ordnung war. Ich erzählte ihr, was mein Vater von mir wollte. Sie konnte es kaum glauben. „Diese Einsicht kommt wohl etwas zu spät", sagte sie zu uns und setzte sich dann wieder zu ihrem Freund zurück.

Ich wusste nicht, was ich von diesen Worten meines Vaters halten sollte, aber Lisa und ich waren einer Meinung, eine Rückkehr nach zu Hause würde es nicht mehr geben.

Meinen Vater hatte ich in die letzten Jahr als Psychopathen bezeichnet , mit ihm musste ich über siebzehn Jahre unter einem Dach leben, wobei der Ausdruck leben wohl nicht die richtige Bezeichnung sei. Und dahin sollte ich freiwillig zurückkehren, niemals, selbst wenn mich meine Mutter darum bitten würde, erleide ich so ein Martyrium nicht noch einmal.

Diese Nacht schlief ich bei Lisa , hier war es weitaus bequemer als auf dem Schiff, das zur Zeit auch nicht beheizt werden konnte. Wenn wir zusammen bei ihren Eltern schliefen, war das Thema Sex außen vor, zur damaligen Zeit gehörte sich das nicht unter dem Dach der Eltern.

Wir hatten auch kein Problem damit, denn es reichte uns, wenn wir Arm in Arm einschliefen. Lisa war ein tolles Mädchen, es war eine wunderschöne Jugendliebe, die langsam erwachsen wurde.
Wir beide wurden langsam erwachsen, wir verstanden uns sehr gut, und wir sammelten auch zusammen die ersten sexuellen Erlebnisse. Wir fingen, wie es damals üblich war, mit Petting an, und tasteten uns ganz offen Schritt für Schritt an die Sexpraktiken heran. Es war ein Thema, mit dem wir ganz offen und respektvoll miteinander umgingen. Wir gingen vor allem auf die Wünsche des anderen ein, es war für uns einfach eine herrliche Zeit.

Der Frühstückstisch war bereits gedeckt, als Lisa und ich in die Küche ihrer Eltern kamen. Ihr Vater, der als Maschinist auf einem Schlepper fuhr, hatte heute Dienst, und so saßen wir ohne ihn am Frühstückstisch. Da das Mittagessen auf den Abend verschoben war, ließen wir uns viel Zeit und diskutierten über den vorangegangenen Abend und den Auftritt meines Vaters. Ihre Mutter hörte gespannt zu und meinte nur: „Der hat dir so viel angetan, ich hoffe nur, dass er vor lauter Schuldgefühlen nie einen inneren Frieden finden wird. Im übrigen habe ich für dich in der Zeitung ein Zimmerangebot gefunden, du solltest es dir einmal ansehen. Auf dem Schiff ist es ja kein Dauerzustand, und irgendwann wirst du es ohnehin verlassen müssen."
Ich gab ihr Recht, und so fuhr ich mit dem Fahrrad zur Anschrift des Zimmerangebotes. Eine ältere Dame öffnete mir die Tür und lächelte mich an, ich erklärte, was ich wollte, und so trat ich ein und verhandelte mit ihr über den Preis des Zimmers.
Mit Frühstück wollte ich es haben. Nachdem wir uns einig waren, verließ ich sie wieder und kehrte zu Lisa und ihrer Mutter zurück, sie freute sich über das Ergebnis der Besichtigung des Zimmerangebotes. Jetzt konnte ich mir ja aufgrund meines neuen höheren Lohnes als Geselle ein Zimmer leisten. Das schöne dabei war, ich brauchte mit dem Fahrrad nur maximal fünf Minuten zu meiner Arbeitsstelle.
Ich bat Lisa und meine Mutter zu meiner neuen Unterkunft zu kommen, zum Kaffee besorgte ich noch Kuchen, und so lud ich auch meine Vermieterin zum Kaffee ein. Ich stellte sie alle miteinander vor, nach einiger Zeit kam Lisas Mutter hinzu, und so wurde es ein wunderschöner Nachmittag, der allen sehr gut tat, denn wir lachten sehr viel miteinander, es war einfach herrlich.
Nach dem Abendessen bei Lisas Mutter kam Lisa mit zu mir, wir räumten noch die Sachen, die meine Mutter mitgebracht hatte, in den Schrank, und

machten uns einen schönen erotischen Abend mit Kerzenlicht. Ich mochte ihren wunderbaren weichen Körper, ich beneidete sie oft darum, aber anvertraut hatte ich es ihr nie. Sie war jung, hübsch und ich war ihr erster Freund, mit dem sie ihre ersten sexuellen Erfahrungen sammelte, ich wollte sie nicht verunsichern, besser gesagt, ich wollte sie nicht unnötig mit meinem persönlichen seelischen Problem belasten.

Für meine Mutter war das Problem bereits gelöst, schließlich war ich ganz normal mit einem Mädchen zusammen, aus mir war offensichtlich ein großer junger Mann geworden.

Meine Mutter hatte ich nicht darüber informiert, dass das Problem auch weiterhin bestehen würde, ich hätte sie sicherlich an den Hausarzt verweisen können, der hätte ihr es bestimmt erklärt, aber sie würde es bestimmt nicht verstehen.

In der Werft beglückwünschte man mich am nächsten Tag zur bestandenen Prüfung, wir verhandelten im Büro über eine Weiterbeschäftigung und den Lohn als Geselle. Jeder, der mich hier kannte, gönnte mir diesen Erfolg, weil sie wussten, was dieser erfolgreiche Schritt für mich bedeutete. Für mich war es mehr als nur eine bestandene Prüfung, es war eine Fahrkarte für die Reise, die „Leben" heißt.

Mit dieser Erkenntnis schloss ich meine lange Erzählung, die im Kapitel III „Der Professor" mit dem Bericht über eine Therapiesitzung begonnen hatte, denn der Professor unterbrach mich und sagte: „So, junger Mann, ich denke, wir sollten für heute Schluss machen, es ist bereits sehr spät, ich glaube, das reicht für heute. Meine Güte, was hatten Sie für eine Kindheit, ich hoffe nur, der Rest Ihres Lebens wird besser verlaufen, das erfahre ich dann das nächste Mal!"

Er gab mir ein von ihm gefertigtes Schreiben mit, eine Ausfertigung behielt er, es war eine Liste mit mehreren positionierten Fragen, die wir gemeinsam durchgingen. Er bat mich, diese bis zum nächsten Termin zu beantworten, ehrlich zu beantworten, er betonte es extra noch einmal. „Sonst kann ich Ihnen nicht helfen, und unsere ganze Arbeit ist umsonst, und ich denke, das wollen wir beide nicht!"

Dann sah er sich das von mir gekaufte Kleid an und fuhr fort: „Aber das muss man Ihnen lassen, ich denke, dass Sie auch in Zukunft mit Ihrem Problem entsprechend gut umgehen werden, weil Sie ohne Berührungsängste

auf die Menschen zugehen. Viele könne das nicht. Sollten Sie trotz allem einmal Probleme haben, dann kommen Sie zu mir, das dürfen Sie und sollten Sie auch ruhig in Anspruch nehmen. Schließlich werde ich dafür bezahlt, und mich interessiert es immer sehr, ob ich mit einer Vermutung recht habe oder nicht.
Wenn Sie noch Fragen haben, dann fragen Sie jetzt, ansonsten ist unsere Sitzung für heute beendet. Sie könne mich in dringenden Fällen gerne anrufen. Sollte ich nicht da sein oder der Anrufbeantworter angehen, dann sprechen Sie mir bitte auf Band, ich melde mich dann, sobald ich kann."
Ich sah ihn an und sagte zu ihm: „ Wissen Sie, das ist das erste Mal in meinem Leben, dass ich mit einem Psychologen über solche Dinge rede und deshalb sollten Sie etwas Nachsicht haben, wenn ich zu Anfang nicht immer die richtigen Worte treffe.
Der Einzige, der sich nur annähernd vorstellen kann, was ich bisher durchgemacht habe, sind Sie, dass, was ich möchte, ist, endlich meine Ruhe zu finden und keine Ängste mehr haben zu müssen. Ich möchte mich ganz herzlich bei Ihnen bedanken, dass Sie mir so kurzfristig einen Termin gegeben haben, und wie sieht es mit dem nächsten Termin aus, wann soll der sein?"
„Nun, junger Mann, Folgetermine bestimmen bei mir die Patienten selbst. Sie melden sich, wann Sie bereit sind, die nächste Sitzung verkraften zu können, rufen Sie mich einfach an!"
Wir erhoben uns von den unglaublich gemütlichen Sesseln und gingen gemeinsam durchs Haus zurück zur Eingangstür, er gab mir erst die Tüte mit dem Kleid und dann die Hand.
„Ich möchte Ihnen noch etwas mit auf den Weg geben: Sie sind jung, sind gesund und haben soviel Kraft, die in Ihnen steckt, egal wie schwer der Weg auch sein wird, aber Sie schaffen es, Ihren inneren Frieden zu finden."
„Danke, und was mache ich jetzt mit dem Kleid, Herr Professor?"
Der Professor antwortete: „Ganz einfach, überlegen Sie, für welchen Zweck Sie das Kleid gekauft haben, und ich denke, Sie beantworten Ihre Frage damit selbst, und fahren Sie vorsichtig."

Ich ging zum Wagen und blickte noch einmal zurück zur Tür, nun stand auch seine Frau bei ihm, sie riefen mir beide noch ein „Tschüss" zu, und so fuhr ich vom Hof. Ich wollte jetzt nur noch schnell nach Hause.
Es war jetzt 21.30 Uhr, also in dreißig Minuten werde ich wohl zu Hause sein, und fuhr mit der untergehenden Sonne, denn dieses Abendrot war in

den letzten Tagen besonders schön. Für mich war es wie eine heilende Salbe auf einer Wunde.

Heute war mir klar geworden, wie verwundbar man doch eigentlich ist, ich meine jetzt nicht nur körperlich, sondern seelisch, psychisch und auch nervlich, das war ein Tag heute, den man am liebsten aus dem Gedächtnis streichen möchte, das hat man nur manchmal, aber ich hatte entschieden zu viele davon in meinem bisherigen Leben erlebt.

Und während ich gemütlich nach Hause fuhr, machte ich mir ernsthaft Gedanken um das heute erlebte, ob es wohl noch mal so weit kommen würde, dass ich mir derartige Dinge wie ein Abendkleid kaufen würde? Die nächste Frage war, was mache ich mit dem Kleid, zurückgeben, behalten oder vielleicht meiner Freundin schenken mit der Aussage, es für sie gekauft zu haben?

Meine Freundin Renate, oh Gott, was erzähl ich ihr, sag ich die Wahrheit über den heutigen Tag oder sollte ich einfach schweigen, ihr vielleicht etwas vorlügen?

Fragen über Fragen taten sich auf, und während ich vor die Garage fuhr und einparkte, stellte ich fest, dass es mir wieder viel besser ging. Ich stellte den Motor ab. Im selben Moment wiederholte sich der Teil des Tages mit den beiden Damen im Kaufhaus vor der Umkleidekabine, das Ding wäre filmreif gewesen, allein die Gesichter der beiden, als ich da im Abendkleid stand, herrlich, ich schmunzelte in mich hinein.

Ja, ich glaube, ein bisschen verrückt war ich doch, aber liebenswert verrückt, es war doch ein anstrengender Tag heute, und so ging ich nach dem Duschen gleich ins Bett.

Das wunderschöne Abendkleid nahm ich aus der Tüte, hängte es auf einen Bügel und dann an den Schrank, ich sah es mir noch einmal an, so etwas Schönes hatte ich lange nicht mehr gesehen. Bei den anderen Kleidern steckte jedes mal eine Frau drin, aber wie konnte ein Mann so von einem Kleid fasziniert sein, es war einfach unglaublich.

Ich legte mich ins Bett und fühlte mich wie erschlagen, ich musste auch glich eingeschlafen sein, denn irgendwann bemerkte ich im Halbschlaf, wie meine Freundin mir einen Kuss gab und meine Lampe auf dem Beistelltisch ausmachte. Dann ging das Licht wieder an, und sie flüsterte mir ins Ohr: „Liebling, was für ein wunderschönes Kleid", ich flüsterte zurück: „Ich erzähl es dir morgen" und gab ihr einen Kuss zurück.

Und so schliefen wir beide dicht an dicht nebeneinander ein.

An den Wochenenden stand ich immer zuerst auf, holte frische Brötchen und bereitete das Frühstück zu. Ich mochte es, wenn das Haus morgens nach frischem Kaffee roch, ich war es auch, der dann den Frühstückstisch deckte und diesen dann immer mit einem bunten Strauß Blumen dekorierte. Der absolut freie Samstag gehörte nur uns beiden, denn in der Woche sahen wir uns wenig, tagsüber waren wir beide bei der Arbeit.
Renate ging dann zweimal in der Woche mit Freundinnen abends zum Schwimmen, ich machte abends nach Arbeitsende den Garten, den Rasen und ein bisschen Gemüseanbau für den Eigenbedarf. Um die Blumen um das Haus, das wir gemietet hatten, kümmerte sich wiederum Renate.

Der Tisch war gedeckt, alles, was das Herz begehrte, war vorhanden, Renate mochte es gerne süß und ich herzhaft. Und bei so einem tollen Wetter, wie es heute morgen war, nahmen wir das Ganze auf der Terrasse zu uns. Dann weckte ich sie mit einem Kuss und flüsterte ihr ins Ohr: „Liebling, das Frühstück ist fertig", mit einem „hmm, ich komme gleich" antwortete sie. Meistens brauchte sie dann noch ihre zehn Minuten, bis sie im Morgenmantel erschien. Und so verließ ich das Schlafzimmer wieder und wartete geduldig auf sie. Wenn ich so überlegte, hatten wir seit zwei Jahren eine doch tolle Beziehung, sie war zwar nicht meine Traumfrau, die ich mir immer gewünscht hatte, aber wir fühlten uns beide wohl, so wie es war.

Wir hatten uns in einem Café kennengelernt, und mit einer Bemerkung, ich würde nie etwas mit rothaarigen Frauen anfangen, begann ich ihre Neugierde zu wecken, obwohl ich sie als dunkelhaarig kennenlernte, war sie eigentlich rothaarig, aber das wusste ich nicht.

Sie war es dann, die mich verführte, obwohl sie fast fünfzehn Jahre älter war als ich, war sie sehr verklemmt. Wir waren beide einmal verheiratet und hatten beide aus diesen Ehen Kinder, sie hatte eine Tochter und ich eine Tochter und einen Sohn, und deshalb wunderte ich mich über einen derartige Schüchternheit, die sich aber inzwischen gegeben hatte. Wir redeten mittlerweile über alle Dinge ganz offen. Denn gerade sexuell sollte der Mann die Frau bevorzugt verwöhnen, damit auch sie zu ihrem Orgasmus kommt und nicht das Nachsehen hat, wie es oftmals bei Frauen der Fall ist.

Dann kam sie, wie so oft mit einem Lächeln im Gesicht auf mich zu und gab

mir einen Kuss, ich schenkte ihr Kaffee ein und bei mir war es bereit die zweite Tasse.
Sie kuschelte sich an mich und fragte: „Bitte entspanne meine Neugierde und verrat mir doch, was es mit diesem sagenhaften geilen Kleid auf sich hat, das bei uns am Schrank im Schlafzimmer hängt."
Ich hätte fast den Kaffe verschluckt, oh Gott dachte ich, das Drama nimmt seinen Lauf. Mir wurde gleichzeitig heiß und kalt, am liebsten wäre ich unsichtbar geworden, was sollte ich jetzt tun? In einem Bruchteil von Sekunden hatte ich mich zu entscheiden, und verlegen sagte ich: „Gut, du möchtest die Wahrheit hören, bitte, ich habe das Kleid für mich gekauft."
Sie sah mich an, grinste und fing an laut zu lachen: „Liebling, ich möchte gerne die Wahrheit hören, erzähl mir doch keinen Quatsch." Dann rückte sie mit ihrem Frühstücksgedeck an meine Seite, zog den Stuhl nach und sagte zu mir: „Bitte!"!
„Das ist die Wahrheit, glaube mir doch", sagte ich zu ihr. Und während wir wir nun beide frühstückten, versuchte ich ihr jetzt klar zu machen, was es damit auf sich hatte.
„Tja, weißt du, das ist nicht so einfach zu erklären, aber ich versuche es, und bitte lass mich die ganze Geschichte erzählen, sei so lieb. Anschließend möchte ich deine Meinung dazu hören, nun gut."
Und so erzählte ich ihr wahrheitsgemäß über den gestrigen Einkaufstag. Beim ersten Teil im Kaufhaus haben wir beide so gelacht, dass ich sie gar nicht wieder beruhigen konnte, als ich dann aber den Ablauf beim Professor erzählte, wurde sie erst ruhig und dann nachdenklich, und als ich fertig war, sah sie mich an und fragte: „Muss ich mir ernsthafte Sorgen um dich machen? Wie kann ich dir helfen? Wenn ich die irgendwie helfen kann, sag es mir bitte." Sie sah mir dabei tief in die Augen, nahm meine Hand und gab mir einen Kuss, und dann saßen wir einen Moment schweigend da.
Eine passende Antwort gab es zur Zeit noch nicht, also was sollte ich ihr sagen außer „wir müssen abwarten und mal sehen, ich denke der nächste Besuch wird zumindest einen teil unserer Fragen beantworten."
Wir gaben uns einen Kuss, und da wir mit dem Frühstück bereits fertig waren, räumten wir gemeinsam den Tisch ab, während sich Renate im Badezimmer fertig ankleidete, ging ich in den Garten, um zu sehen, ob es etwas zu tun gab, aber es war alles zum Besten, und so setzte ich mich auf die Terrasse und wartete geduldig auf Renate.
Es heißt ja immer, Frauen brauchen im Bad eine Ewigkeit, aber ich hatte

eine unendliche Geduld in solchen Dingen, und deswegen genoss ich einfach die Morgensonne.
Renate war schon eine verständnisvolle Frau, ich hoffte allerdings nur, dass sie mich eines Tages nicht einfach fallen lassen würde, das wäre für mich bestimmt nicht gut!
Ich meine nicht gut, besonders in der augenblicklichen Situation, in der ich mich befinde. Ich frage mich, ob sie wohl stark genug sein wird, mit mir diese Geschichte durch zu stehen? Nun, ich glaube, ich mach mich selbst zu sehr verrückt und schob all diese Gedanken wieder beiseite.
Da kam sie und lächelte mich an: „Weißt du, was wir heute unternehmen, wir machen einen Bummel durch die Stadt, das haben wir zwei schon lange nicht mehr gemacht." Ich sah sie an und meinte, das sei eine gute Idee. Sie nahm ihre Handtasche und die Autoschlüssel, und so stiegen wir, nachdem wir alles abgeschlossen hatten, in ihr Auto, das vor der Garage stand. Wir fuhren in die fünfzehn Kilometer entfernte Stadt.
Während der Fahrt unterhielten wir uns über die am Abend stattfindende Hochzeit, zu der wir eingeladen waren, und für die ich bis heute noch keinen Anzug besaß.
Renate wollte mal sehen, was es so an Abendkleidern gab. Wenn wir abends fort gingen, dann richtig, schön und gut gekleidet, eben dem Anlass entsprechend. Sonst gingen wir relativ selten fort, wir verbrachten lieber die Zeit gemeinsam zu Hause oder grillten mit guten Freunden. Wir liebten unser zu Hause, die Zweisamkeit und die gemeinsamen Abende waren immer besonders harmonisch, insbesondere die erotischen Abende, die wir sehr fantasievoll gestalteten.
In der Stadt angekommen, fuhr Renate nicht in das Parkhaus, sondern versuchte ihr Glück, einen in der City gelegenen Parkplatz zu finden. Nach zehn Minuten parkte sie in einem gerade frei gewordenen Parkplatz ein. Ich fütterte die Parkuhr, während sie sich andere Schuhe anzog und das Auto verschloss.
Wir gingen gemeinsam Hand in Hand in Richtung Kaufhaus, wir wollten gemeinsam einen Anzug für mich kaufen, und dieses Mal fuhren wir erst in die Herrenabteilung und später in die Damenabteilung.
Renate suchte die Anzüge aus, ich probierte sie dann an, die ersten beiden gefielen mir überhaupt nicht, da sah ich ja aus wie ein „Mafiosi", sie lachte jedes Mal, wenn ich etwas auszusetzen hatte. Der dritte Anzug war es dann, dunkelblau mit grauen Streifen, ein Anzug mit doppelter „Knopfreihe", das

mochte ich so an Anzügen, ich fand, das hat etwas, egal, ob es nun „in"
oder „out" war, ich lief ja damit herum.
Noch ein passendes Hemd und eine Krawatte dazu, die mir Renate auch
gleich mit ausgesucht hatte, und schon war mein Einkauf erledigt. Manchmal ist es doch gut, wenn eine Frau dabei ist und eine schnelle Entscheidung herbeiführt.
Nachdem ich an der Kasse alles bezahlt hatte, sagte sie: „Und jetzt geht es in „meine" Etage." Und so fuhren wir einen Stock höher, hier war im Vergleich zum Vortag der „Bär" los, jede Menge unentschlossene Frauen und genervte Ehemänner tätigten aufgeregt ihren Einkauf. Alle mit dem gleichen aussagenden Ausdruck im Gesicht: „Hoffentlich hat das hier bald ein Ende."
Renate und ich lachten uns an, weil wir wohl die gleichen Gedanken hatten beim Anblick in die Gesichter, die wir sahen. Wir gingen gleich zu den Abendkleidern, und während ich die Leute beobachtete, suchte Renate sich drei Kleider aus, und ich folgte ihr dann zu den Umkleidekabinen. Es dauerte eine ganze Weile, bis sie wieder heraus kam.
„Das oder keines", sagte Renate und leuchtete förmlich in einem wunderschönen schwarzen Kleid, es war tief dekolletiert und der Rücken frei. Ich nickte ihr lächelnd zu und sagte: „Ja, wie eine Göttin siehst du aus. Einfach toll!"
Dann verschwand sie wieder in der Kabine und kam mit den Kleidern auf dem Arm wieder heraus, die beiden anderen Kleider hing ich wieder zurück, während sie ihr ausgesuchtes Kleid an der Kasse bezahlte.

„So", sagte sie dann, „ich möchte noch etwas für unten drunter kaufen, und ich möchte, dass du es erst nach der heutigen Feier siehst, wenn du mich entkleidest." Ich antwortete: „Das ist ok, wir treffen uns im Café schräg gegenüber, ich bringe die Sachen inzwischen schon mal zum Auto, damit wir nicht so voll bepackt bummeln gehen müssen." Sie gab mir einen Kuss und die Autoschlüssel, und so verließ ich dann das Kaufhaus, mit dem Gedanken, was sie wohl „nettes" kaufen würde.
Ich konnte mir das gut vorstellen, denn auch in dieser Hinsicht hatten wir den gleichen Geschmack, bestimmt in schwarz, dachte ich so bei mir, während ich zum Auto ging, das versprach mal wieder eine aufregende Nacht zu werden. Wir beide hatten immer tollen und aufregenden Sex, wir liebten unsere Fantasien, wir legten großen Wert auf die Erfüllung, das gibt einem

das große Gefühl, den anderen nicht nur zufrieden sondern auch glücklich zu machen. Und wann immer wir Lust empfanden, es zu tun, so taten wir es, mit sehr viel Leidenschaft und Hingabe, wobei bei uns die Zärtlichkeit eine wesentliche Rolle spielte.
Ich mochte es, eine Frau mit eben diesen Zärtlichkeiten zum Höhepunkt zu bringen, das war auch der wesentliche Teil unseres Vorspiels.
Renate mochte diese Zärtlichkeiten über alle Maßen. Sie sagte immer danach zu mir, dass sie noch nie einen solchen Umgang erlebt hatte, denn Männer seien eher oberflächlich, außerdem verfügte ich nach ihrer Aussage hin über eine Unmenge an Sensibilität, das wäre für einen Mann eher ungewöhnlich. Ein Mensch mag sich äußerlich verändern, aber tief im Inneren bleibt er immer dem angeborenen Charakter unverfälscht treu.

Inzwischen hatte ich unseren Einkauf im Auto untergebracht und war wieder auf dem Rückweg zum Café. Als ich dort ankam, saß Renate bereits an einem Tisch, sie hatte auch schon den Kaffee für uns bestellt. Sie lächelte mich an und sagte nur: „Wenn du wüsstest, was ich hier in der Tüte habe."
„Darf ich raten?" Renate antwortete nur: „Nein, Du darfst nicht raten."
Nachdem wir unseren Kaffee getrunken hatten, schlenderten wir beide wieder Hand in Hand durch die Fußgängerzone und sahen uns die vielen sommerlich bunt dekorierten Schaufenster an, das eine oder andere war doch sehr interessant anzusehen. Wir kauften aber nichts mehr, wie wollten nach Hause, es war ja inzwischen auch schon fast sechzehn Uhr, also setzten wir uns in Bewegung.

Um 20.00 Uhr sollte die Hochzeit beginnen, und wir freuten uns beide schon sehr darauf, wir unterhielten uns beide während der Rückfahrt darüber. Und lachten sehr, als sie zu mir sagte: „Stell dir vor, wir tauchen da beide heute Abend im Abendkleid auf, wir wären dann das Gespräch des abends." Wobei ich sie dann fragte: „Als was würde man uns dann einstufen, mich als schwul oder dich als Lesbe?"
Immer wieder fingen wir erneut an zu lachen, allein sich die Gesichter der anderen Gäste vorzustellen. Es war einfach köstlich, so unbeschwert darüber lachen zu können.

Renate fuhr rechts in eine Parklücke, sah mich strahlend an und sagte: „Ich glaube, wir werden eine schöne und aufregende Zeit miteinander verbringen, und ich bin froh, dass wir uns kennengelernt haben." Über diese Aussage freute ich mich sehr, nach einem herzlichen „Danke" küsste ich sie, bevor sie weiter nach Hause fuhr.

Während wir weiter herum alberten, beobachtete ich sie beim Fahren, ja ihre lustige, offene und ehrliche Art war es, die uns beide zusammengebracht hatte, und wenn sie doppelt so alt wie ich gewesen wäre, für mich war nicht das Alter entscheidend, sondern man musste sich doch einfach nur mögen, und das taten wir ohne Frage!

Mit der Vorstellung von Renate, sie könne ja den Anzug anziehen und ich das Abendkleid, möchte ich diese Buch beenden, immerhin hatten wir uns auf die bevorstehende Hochzeit vorzubereiten. Bis dann!

Erscheinungsdaten der nachfolgenden Bände und die entsprechenden Inhaltsangaben der Autorin Diana Stevens.

Erwachsenenspiele
Band II: Die Flucht
260 Seiten, erscheint 2017

Verdammt! Wie konnte ich mit einem Abendkleid zu einer Hochzeit gehen, nun war es eine Woche her, der ganze Ort hatte davon erfahren. Meine Freunde distanzierten sich, meine Wohnung wurde gekündigt, ich verlor meine Arbeit und jetzt verließ mich auch noch Renate.
Und das nur, weil ich anders war!
Was waren das alles nur für Menschen, ich verstand die Welt nicht mehr.
Hatte ich sie nicht mehr alle? Fieser Zwiespalt, diese innere Zerrissenheit machte mich völlig fertig, ich wollte doch nur, dass man mich verstand, ich wollte Verständnis von Anderen. Aber selbst konnte ich diese nicht verstehen, ich musste etwas ändern, dessen war ich mir ganz sicher, so konnte und wollte ich nicht weiter leben. Ein Ortswechsel war dringend notwendig.

Erwachsenenspiele
Band III: Die Freiheit
340 Seiten, erscheint 2018

Alles hatte ich hinter mich gelassen, falsche Freunde, Obdachlosigkeit, Aussichtslosigkeit und den Gedanken, mir das Leben zu nehmen, auch.
So ein Tief kannte ich seit meiner Kindheit nicht mehr, nur damals konnte ich nichts dagegen unternehmen. Inzwischen hatte ich gelernt, mit solchen Situationen umzugehen. Ich war stark und auch hart zu mir selbst geworden, vor drei Jahren hatte ich den Ort gewechselt. Ich besaß ein eigenes Haus, hatte ein Ingenieurbüro, studierte Architektur und fuhr mein Traumauto einen Porsche 911, man konnte sagen, mir ging es inzwischen sehr gut. Man konnte mich weder vor die Tür setzen, noch meinen Job kündigen und ich war finanziell unabhängig. Nun konnte ich mich endlich wieder mit dem eigentlichen Ziel, eine Frau zu werden, befassen! Ich hatte es endlich geschafft!

Erwachsenenspiele
Band IV: Siebzehn Leben
380 Seiten, erscheint 2019

In vierzehntägigen Abständen bekam ich meine Hormone, erst in Form von Tabletten, dann als Spritze im Abstand von vierzehn Tagen.
Mein Körper begann sich bereits nach ein paar Wochen zu verändern, es tat mir und meiner Seele über alle Maßen gut. Ich hatte in der neuen Umgebung gut Fuß gefasst, so dass ich es hier in ganz normaler Umgebung durchziehen wollte, und nicht im Schutz von Nachtleben verstecken. Das wäre mir zu einfach gewesen. Im normalen bürgerlichen Leben mit den Berufen, die ich erlernt hatte. Ich wollte offen auf die Menschen zu gehen, und mich nicht in eine schillernde Welt begeben, in die ich nicht gehörte, dazu gehörte sehr viel Mut und Courage, was ich in den letzten Jahren bereits bewies.

Erwachsenenspiele
Band V: Licht des Lächelns
280 Seiten, erscheint 2020

Mit der endgültigen geschlechtsangleichenden Operation konnte ich mich noch nicht anfreunden, die Resultate waren teilweise erschreckend. Ich hatte mich mit einigen meines gleichen, die bereits diese Operation hinter sich hatten, bei einer Veranstaltung der Transidentitas in Frankfurt unterhalten. Nur ganz wenige waren mit dem Ergebnis einer solchen Operation zufrieden, nein, dachte ich, so nicht.
Wenn es eine neue Art der Operation gab, wollte mich meine Ärztin informieren. Und so wartete ich, und wartete, ganze zwei Jahrzehnte sollte es dauern, bis dieser Anruf meiner Ärztin kam. All die Jahre im ständigen hin und her, ich versuchte, mich mit viel Arbeit abzulenken, bevor ich drohte, daran zu zerbrechen. Inzwischen hatte ich ein abenteuerliches Leben hinter mich gebracht, meine Erlebnisse in und mit dieser Gesellschaft veranlassten mich, diese Bücher zu schreiben.